KB075455

세상의 속도를
따라잡고 싶다면

Do it!

하루
1시간!

5일 만에 끝내는

깃&깃허브
입문

고경희, 이고잉 지음

그림으로 쉽게 배우고 프로젝트에 바로 써먹는다!

이지스 퍼블리싱

세상의 속도를 따라잡고 싶다면 **Do it!**
변화의 속도를 즐기게 됩니다.

Do
it!

Do it!

5일 만에 끝내는

깃&깃허브 입문

이 책은 2019년 12월에 출간된 《Do it! 지옥에서 온 문서 관리자 깃 & 깃허브 입문》의 전면 개정 2판입니다.

개정 2판 발행 • 2024년 8월 9일

개정 1판 발행 • 2022년 10월 10일
개정 1판 3쇄 • 2024년 4월 11일

초판 발행 • 2019년 12월 6일
초판 6쇄 • 2022년 3월 10일

지은이 • 고경희, 이고잉
펴낸이 • 이지연
펴낸곳 • 이지스퍼블리싱(주)
출판사 등록번호 • 제313-2010-123호
주소 • 서울특별시 마포구 잔다리로 109 이지스빌딩 3층(우편번호 04003)
대표전화 • 02-325-1722 | **팩스** • 02-326-1723
홈페이지 • www.easyspub.co.kr | **페이스북** • www.facebook.com/easyspub
Do it! 스터디룸 카페 • cafe.naver.com/doitstudyroom | **인스타그램** • instagram.com/easyspub_it

총괄 • 최윤미 | **기획 및 책임편집** • 이소연 | **IT 2팀** • 한승우, 신지윤, 이소연
교정교열 • 박명희 | **표지 디자인** • 김근혜 | **본문 디자인** • 트인글터, 김근혜 | **인쇄** • SJ프린팅
독자지원 • 박애림, 김수경 | **영업 및 교재 문의** • 이주동, 김요한(support@easyspub.co.kr)

ISBN 979-11-6303-631-9 93000
가격 18,000원

이런 분들께 추천해요!

친절한 그림과 설명으로
혼자서도 쉽게 깃 & 깃허브에
입문하고 싶은 분

취업 준비부터 실무까지 써먹을
깃 & 깃허브 활용법을
익히고 싶은 분

팀 프로젝트에 투입되기 전
빠르게 협업 능력을
기르고 싶은 분

그림으로 쉽게 배우고 프로젝트에 바로 써먹는다!
개념부터 실무까지 5일 안에 완성하는 깃 & 깃허브 입문서!

여러분은 하루에 코드를 몇 줄 작성하고 파일을 몇 개 저장하나요? 다루는 코드와 파일이 많아질수록 무엇을 작성하고 수정했는지 기록하고 관리하는 일이 점점 중요해집니다. 이때 필요한 것이 바로 깃(Git)과 깃허브(GitHub)입니다. 어떻게 하면 깃을 쉽고 빠르게 배울 수 있을까요?

누구나 예제와 실습을 따라 하면서 기초 완성!

깃을 처음 공부할 때 어려운 이유는 그 과정이 눈에 보이지 않기 때문입니다. 이 책은 깃이 어떻게 동작하는지 그림으로 설명하여 더 쉽게 이해할 수 있도록 했습니다. 또한 처음부터 끝까지 실습하면서 개념을 익히고 협업하는 과정을 배웁니다. 터미널에 명령어를 직접 입력하고 결과를 확인하며 실습을 따라가다 보면 깃과 깃허브의 기초를 탄탄히 쌓을 수 있습니다. 엄선된 실습으로 중요한 개념과 명령만 모았으므로 깃을 처음 시작하는 사람도 5일이면 전체 내용을 공부하고 실무에 적용할 수 있습니다. 혼자 시작한다면 '생활코딩'에서 제공하는 무료 깃허브 강의 영상을 참고하여 같이 공부해 보세요. 누구나 빠르고 쉽게 깃과 깃허브에 입문할 수 있습니다.

VS Code 활용법, 포트폴리오 관리와 깃허브 데브, 코파일럿까지!

최근에는 많은 개발자가 VS Code(비주얼 스튜디오 코드) 편집기로 깃을 사용합니다. 이 책은 깃 명령어는 물론 요즘 개발자들이 많이 활용하는 VS Code의 GUI를 활용해 마우스 클릭으로 깃과 깃허브를 더 간단하게 사용할 수 있는 방법을 소개합니다. 또한 깃허브를 활용한 포트폴리오 관리법을 소개해 커리어를 관리하고 취업을 대비할 수 있습니다. 부록에서는 깃허브 데브를 통한 클라우드 개발과 코파일럿 활용법까지 다뤄 깃과 깃허브를 200% 활용할 수 있습니다. 부디 이 책이 수많은 코드와 문서의 지옥에서 헤매는 여러분에게 의미 있는 도움이 되기를 바랍니다.

이 책은 《Do it! 지옥에서 온 문서 관리자 깃 & 깃허브 입문》의 개정판으로, 기존 내용은 보완하고 최신 기능을 중심으로 크게 바뀌었습니다. 그 과정에서 같이 고생해 준 이소연 편집자님께 감사드립니다. 그리고 유익한 동영상 강좌를 쓸 수 있게 허락해 주신 생활코딩의 이고잉님께도 마음 깊이 고마움을 전합니다.

고경희(funcom@gmail.com)

이 책의 특징 ✕

버전 관리, 협업, 포트폴리오 관리, 깃허브 데브, 코파일럿 활용까지!
책 한 권으로 깃 & 깃허브 완전 정복!

START!

1~3장 깃으로 버전 관리 정복!
깃 버전 관리 브랜치

4~6장 깃허브로 협업, 실무 정복!
깃허브 협업 프로필 관리 오픈 소스

7~8장 GUI 활용과 포트폴리오 관리로 200% 활용!
GUI 이력서 사이트 만들기 블로그 만들기

〈스페셜〉 1~2 코파일럿과 깃허브 데브로 클라우드 개발과 AI 활용까지!
클라우드 개발 코파일럿

깃 & 깃허브 완전 정복!

34만 구독자가 선택한 '생활코딩'의 강의와 함께 공부하자!

생 활
코 딩

생활코딩
@coohde
구독자 34.7만명

🔔 구독중 ∨

이 책은 CCL 라이선스에 따라 이고잉 님이 강의한 '생활코딩' 영상을 기반으로 만들었습니다. 독자에게 필요한 내용을 엄선하고 변화된 내용은 추가하고 수정하여 집필했습니다.

책과 함께 보면 좋은 무료 동영상 강의 제공!

QR코드를 스마트폰의 카메라 기능으로 찍어서 재생 목록을 확인하세요. 참고 영상은 《Do it! 깃&깃허브 입문》개정 전에 만들었지만 책으로 공부한 후 영상으로 배운 내용을 복습하면 깃과 깃허브를 공부하는데 도움이 됩니다. 안내한 영상 외에 깃과 깃허브를 주제로 한 '생활 코딩'의 다른 영상도 참고하면 좋습니다.

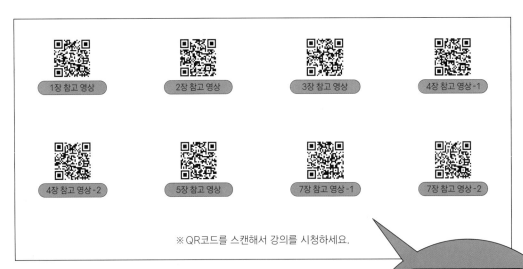

1장 참고 영상

2장 참고 영상

3장 참고 영상

4장 참고 영상-1

4장 참고 영상-2

5장 참고 영상

7장 참고 영상-1

7장 참고 영상-2

※ QR코드를 스캔해서 강의를 시청하세요.

학습 계획표 ✕

하루 특강 코스

이미 깃과 깃허브를 경험해 보았다면 이 책을 하루 만에 끝낼 수 있어요!
목표 시간을 정해 도전해 보세요.

1교시 [: ~ :]	2교시 [: ~ :]	3교시 [: ~ :]
1장 깃 시작하기	**4장** 깃허브 시작하기	**7장** VS Code에서 GUI 방식으로 사용하기
2장 깃으로 버전 관리하기	**5장** 깃허브로 협업하기	**8장** 깃허브에 이력서 사이트와 블로그 만들기
3장 깃과 브랜치	**6장** 깃허브에서 다른 사람과 소통하기	**스페셜** 개발자의 파트너, 깃허브 데브와 코파일럿

5일 완성 코스

깃과 깃허브를 처음 시작한다면 하루 1시간씩, 5일 안에 이 책을 완독해 보세요!
목표 날짜를 스스로 정해 보세요.

1일 차 [월 일]	2일 차 [월 일]	3일 차 [월 일]
1~2장 깃 실습 환경 구축하고 버전 관리 익히기	**3~4장** 브랜치 이해하고 깃허브 살펴보기	**5~6장** 깃허브로 협업하고 소통하기

4일 차 [월 일]	5일 차 [월 일]
7~8장 GUI 사용법 배우고 포트폴리오 관리하기	**스페셜 1~2** 깃허브 데브와 코파일럿 살펴보기

이지스 플랫폼에 연결하면 더 큰 가치를 만들 수 있어요

이지스 유튜브 구독하면 IT 강의도 무료 수강!

youtube.com/easyspub

이지스
퍼블리싱

이지스퍼블리싱

@easyspub 구독자 2.77만명 동영상 1.3천개

'사람을 구체적으로 도와주는 책'을 만드는 ∨

easyspub.co.kr 외 링크 3개

구독

'Do it! 스터디룸' 카페에서 친구들과 함께 공부!

cafe.naver.com/doitstudyroom

■ Do it! 공부단 ■

공부단을 완주하면 책 선물을 드려요

☷ Do it! 커리큘럼
☷ 공부단 스터디 노트 ⓝ
☷ 공부단 지원 ⓝ
☷ 공부단 수료 도서 신청 ⓝ
☷ 베스트 자료

■ 도서별 게시판 ■

궁금한 내용은 도서별 게시판에 질문해보세요!

☷ 점프 투 파이썬 ⓝ

인스타그램 팔로우하면 이벤트 소식 확인!

instagram.com/easyspub_it

easyspub_it ∨ •

810	6,248	36
게시물	팔로워	팔로잉

이지스퍼블리싱
도서
사람을 구체적으로 도와주는 책!
이지스퍼블리싱 출판사 IT실용서입니다 😊
Do it! 시리즈 I 된다! } 시리즈
⬇️이지스퍼블리싱⬇️
마포구 잔다리로 109 이지스빌딩 3층, Seoul, Korea
🔗 linktr.ee/easyspub_it

독자 설문 참여하면 6가지 혜택!

의견도 보내고 선물도 받고!

❶ 추첨을 통해 소정의 선물 증정
❷ 이 책의 업데이트 정보 및 개정 안내
❸ 저자가 보내는 새로운 소식
❹ 출간될 도서의 베타테스트 참여 기회
❺ 출판사 이벤트 소식
❻ 이지스 소식지 구독 기회

차례

1

깃 시작하기

프로그래밍을 공부하는 사람이라면 깃이나 깃허브라는 말을 한번쯤 들어 보았을 것입니다. 프로그램을 개발하려면 소스 코드를 수십, 수백 번도 넘게 수정해야 하는데, 이 수정한 코드를 관리할 때 필요한 시스템이 바로 깃이기 때문입니다. 개발자가 아니더라도 많은 문서를 다뤄야 하거나 수정한 문서를 관리하기 어렵다면 깃을 통해 많은 도움을 받을 수 있습니다.

먼저 깃이 무엇인지 알아보고, 깃을 사용하기 전에 미리 준비해야 할 프로그램과 알아 두면 좋을 기본 지식을 살펴보겠습니다.

① 지옥에서 온 문서 관리자, 깃

2005년 리누스 토르발스(Linus Torvalds)는 깃(Git)을 처음 세상에 소개하면서 '깃은 지옥에서 온 관리자'라고 말합니다. 그가 말한 '지옥'은 어디였을까요? 26년 동안 1만 명이 넘는 소프트웨어 엔지니어들이 오픈 소스 방식으로 2,000만 줄이 넘는 컴퓨터 소스 코드를 작성했다면, 바로 그곳이 지옥 아니었을까요?

이러한 지옥에서 태어난 소프트웨어가 바로 리눅스(Linux) 운영체제입니다. 리눅스 창시자이기도 한 그가 지옥 같은 작업 환경에서 벗어나기 위해 만든 시스템이 바로 깃입니다. 리눅스를 만드는 개발자들은 깃을 통해 리눅스의 수많은 소스 코드를 효율적으로 관리하기 시작했습니다. 그리고 오늘날에는 리눅스뿐만 아니라 수많은 소프트웨어의 소스 코드를 깃을 통해서 관리하고 있습니다.

깃으로 무엇을 할 수 있을까?

깃은 지옥의 관리자 역할을 어떻게 할 수 있을까요? 깃이 제공하는 핵심 기능은 크게 버전 관리(version control), 백업(backup), 협업(collaboration)으로 나눌 수 있습니다.

1. 버전 관리하기

컴퓨터로 문서를 작성한 뒤 수정하는 모습을 상상해 보세요. 원래 내용도 남겨 두고 수정한 내용도 저장해야 한다면 '다른 이름으로 저장'하는 방법을 주로 사용합니다. 그리고 다른 파일과 구별하려고 원래 파일 이름 뒤에 숫자를 붙이거나 문자를 추가하곤 하죠. '초안', '수정', '최종', '진짜 최종' … 이런 식으로 말이죠.

그런데 1,000개가 넘는 문서를 수정할 때마다 이런 방식으로 저장한다면 어떨까요? 나중에는 어떤 파일에서 어떤 내용을 수정했는지 기억할 수 없을 것입니다. 문서를 수정할 때마다 언제 수정했는지, 어떤 것을 변경했는지 등을 구체적으로 기록하는 것을 '버전 관리'라고 하고, 이 버전 관리를 하는 시스템이 바로 **깃**(Git)입니다.

2. 백업하기

여러분이 사용하는 컴퓨터는 '확실한 것'과 '불확실한 것'이 있습니다. 확실한 것은 '내 컴퓨터가 언젠가 고장 난다'는 것이고, 불확실한 것은 '내 컴퓨터가 언제 고장 날지 모른다'는 것입니다. 그러므로 자료를 컴퓨터에만 저장한다면 언젠가 그 자료가 유실될 것도 확실합니다. 다만 오늘이 아닐 뿐이죠. 그래서 우리는 반드시 백업을 해야 합니다.

백업은 현재 컴퓨터에 있는 자료를 다른 컴퓨터에 복제하는 것입니다. 외장 하드 디스크나 USB 디스크 등의 저장 장치를 따로 마련해서 백업할 수도 있고, 구글 드라이브(Google Drive) 같은 인터넷 서비스를 사용하기도 합니다.

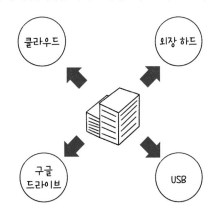

백업 공간을 제공하는 인터넷 서비스에는 깃 파일을 위한 것도 여럿 있습니다. 이것을 깃의 **원격 저장소** 또는 **온라인 저장소**라고 합니다. 이러한 서비스 가운데 가장 많이 쓰이는 것이 바로 **깃허브**(GitHub)입니다. 이 책에서도 깃 파일을 백업하는 과정을 설명할 때 깃허브를 사용할 것입니다.

3. 협업하기

깃허브와 같은 온라인 서비스를 사용하면 여러 사람이 함께 일할 수 있다는 강력한 장점이 생깁니다. 예를 들어 팀원 A와 B가 협업할 때, 먼저 A가 작업해서 원격 저장소에 파일을 올리면 B가 내려받아 작업한 뒤, 그 결과물을 다시 원격 저장소에 올립니다. 이처럼 깃을 사용하면 팀원들끼리 파일을 편하게 주고받으면서 일할 수 있습니다. 또한 누가 어느 부분을 어떻게 수정했는지 기록으로 남아서 나중에 오류가 생겼을 때도 파악하기 쉽습니다.

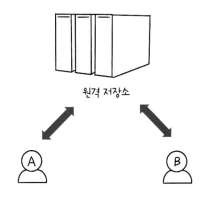

원격 저장소

온라인 저장소를 기준으로 여러 사람이 같은 파일을 수정하고 저장한다면 다음처럼 걱정할 수도 있습니다. '만일 두 사람이 같은 파일을 동시에 수정하면 어쩌지?', '두 사람이 같은 파일의 같은 행을 수정하면 어떻게 될까?' 앞으로 배우겠지만 깃은 이렇게 협업 과정에서 일어날 수 있는 여러 문제를 중간에서 정리해 주는 기능도 합니다.

3가지 기능은 순서대로 배워야 합니다

버전 관리를 이해하지 못하면 백업을 이해할 수 없고, 백업을 이해하지 못하면 협업을 이해할 수 없습니다. 내용 또한 갈수록 어려워지므로 깃은 꼭 이 순서대로 배워야 합니다. 이 책에서는 이 순서대로 깃을 알아보겠습니다.

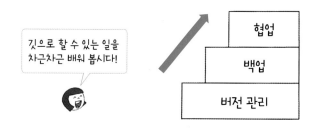

깃 프로그램의 종류

먼저 질문 하나 해보겠습니다. 자동차는 제품일까요, 제품군일까요? 자동차는 제품군이고, 그 제품군 안에 A라는 자동차, B라는 자동차 등 셀 수 없이 다양한 자동차가 있습니다. 마찬가지로 깃도 구체적인 제품이라기보다는 제품군이라고 할 수 있습니다. 세상에는 여러 가지 깃 프로그램(Git program)이 존재하기 때문입니다. 깃 프로그램은 깃을 좀 더 편리하게 사용할 수 있도록 해주죠. 깃 프로그램은 **깃 클라이언트 프로그램**(Git client program)이라고도 합니다. 어떤 깃 프로그램이 있는지 알아보겠습니다.

깃허브 데스크톱

깃허브 데스크톱(GitHub Desktop)은 깃 온라인 저장소 서비스인 깃허브에서 제공하는 프로그램으로, 복잡한 깃 사용법을 그래픽 사용자 인터페이스(graphic user interface, GUI)로 구현한 것입니다. 깃허브 데스크톱은 사용하기 쉬워서 누구나 배울 수 있다는 장점이 있지만 자주 쓰는 기본 기능 위주여서 깃 고급 사용자에게는 아쉬울 수 있습니다.

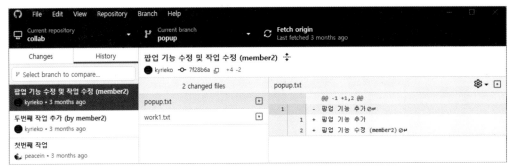

깃허브 데스크톱 사용 화면(내려받기 주소: https://desktop.github.com)

토터스깃

토터스깃(TortoiseGit)은 윈도우 탐색기의 빠른 메뉴에 추가되는 윈도우 전용 프로그램입니다.

토터스깃 사용법은 다음 영상을 참고하세요(https://opentutorials.org/module/3994).

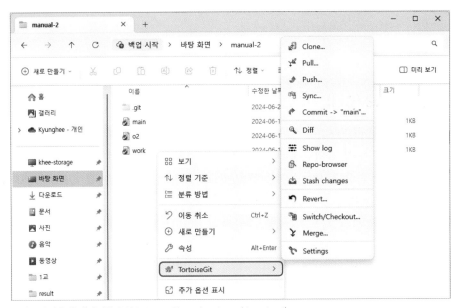

토터스깃 사용 화면(내려받기 주소: https://tortoisegit.org/download)

소스트리

소스트리(SourceTree)는 깃의 기본 기능부터 고급 기능까지 사용할 수 있는 프로그램입니다. 기능이 많아 사용법은 복잡하지만 어느 정도 익숙해지면 깃을 자유롭게 활용할 수 있습니다.

소스트리 사용법은 다음 영상을 참고하세요(https://opentutorials.org/module/3802).

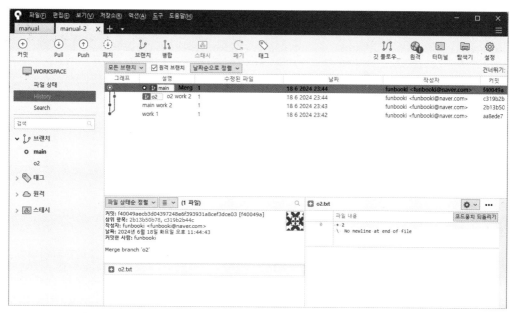

소스트리 사용 화면(내려받기 주소: https://www.sourcetreeapp.com)

🐨 이 책에서 소개한 프로그램 외에 더 살펴보고 싶다면 https://git-scm.com/downloads/guis를 참고하세요.

커맨드 라인 인터페이스(CLI)

커맨드 라인 인터페이스(Command Line Interface, CLI)는 터미널 창에 명령을 직접 입력해서 깃을 사용하는 방식입니다. 이 방식은 리눅스 명령과 깃 명령에 모두 익숙해야 하지만 깃이 처음 등장할 때부터 이미 많은 사용자들이 이용해 왔죠. 이 방식은 코드 편집기 프로그램과 터미널 창을 오가면서 사용해야 하고, 윈도우에서는 깃 배시(Git Bash)라는 별도 프로그램을 실행해야 하는 번거로움이 있습니다.

깃 배시에서 CLI 사용하기

그래서 최근에는 터미널 창을 함께 사용할 수 있는 코드 편집기가 늘고 있죠. 비주얼 스튜디오 코드 편집기도 깃을 사용할 수 있는 터미널 창을 포함하고 있습니다. 이 책에서는 깃을 비주얼 스튜디오 코드 안에서 커맨드 라인 인터페이스 방식으로 사용할 것입니다.

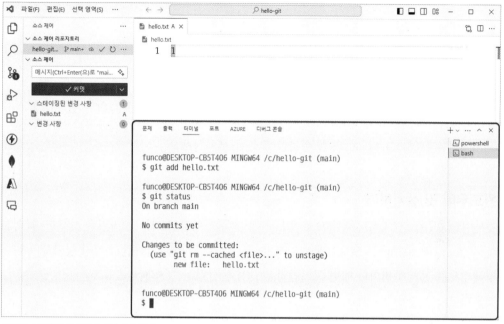

비주얼 스튜디오 코드에서 CLI 사용하기

② 깃 설치하고 환경 설정 끝내기

깃을 사용하려면 먼저 사용자 컴퓨터에 설치해야 합니다. 깃은 누구나 무료로 내려받아 설치할 수 있습니다. 최신 깃에서는 여러 가지 설정이 추가, 변경되었으므로 기존에 깃을 설치한적이 있더라도 다시 최신 버전으로 설치하길 권장합니다.

이 책에서는 기본 도구로 비주얼 스튜디오 코드를 사용하므로 http://code.visualstudio.com에서 비주얼 스튜디오 코드를 설치한 후 깃을 설치하세요.

윈도우에 깃 설치하기

깃에서는 리눅스 명령을 사용하므로 윈도우에 깃을 설치하면 리눅스 명령을 사용할 수 있도록 깃 배시(Git Bash)라는 프로그램이 함께 설치됩니다. 깃을 설치하면서 여러 설정값이 함께 정해지므로 설치 화면마다 어떤 의미인지 간단하게 설명하 👀 맥에 설치하는 방법은 25쪽에서 소개합니다.
겠습니다.

1. 웹 브라우저에서 https://git-scm.com에 접속하면 운영체제에 따라 프로그램을 내려받을 수 있는 화면이 나타납니다. 화면 오른쪽 아래에서 [Download for Windows]를 클릭하세요.

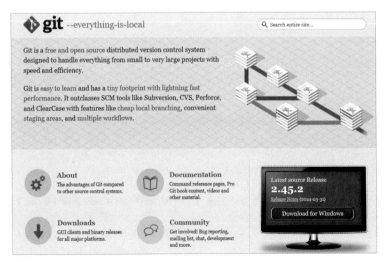

👀 깃이 업데이트되어 이미지의 버전과 다르더라도 내려받고 설치하는 과정은 같습니다.

2. 내려받을 수 있는 파일 목록 화면으로 이동합니다. 맨 위에 있는 [Click here to download]를 클릭하면 파일을 내려받기 시작합니다. 내려받기가 끝나면 파일을 실행하세요.

3. 첫 화면에서는 라이선스 정보를 확인합니다. 이어서 나오는 화면마다 [Next]를 클릭해 설치할 경로와 구성 요소, 그리고 시작 메뉴에 표시할 메뉴 이름 등은 기본값 그대로 사용합니다.

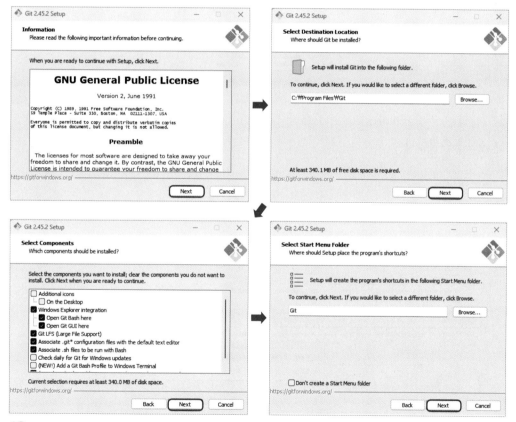

이전 버전의 깃이 설치되어 있어서 최신 버전으로 설치하면 이러한 중간 과정 없이 간단하게 설치됩니다.

4. 깃에서 사용할 기본 편집기를 선택합니다. 기본값으로 빔(Vim)이 선택되어 있을 겁니다. 빔은 강력하지만 사용하기가 좀 까다로운 편집기입니다. 이 책에서는 비주얼 스튜디오 코드를 사용할 것이므로 [Use Visual Studio Code as Git's default editor]를 선택하고 [Next]를 클릭합니다.

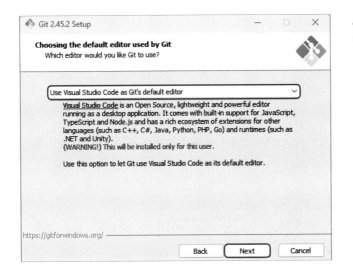

자주 사용하는 편집기가 있다면 이 화면에서 선택하세요.

5. 2개의 옵션 중 'Override the default branch name for new repositories'를 선택하고 [Next]를 클릭합니다.

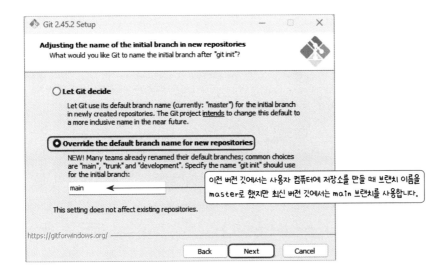

한 걸음 더!

깃 최신 버전에서 사용하는 브랜치 이름은?

이전 버전 깃을 사용한 적이 있다면 브랜치 이름이 master였다는 것을 기억할 것입니다. 하지만 깃 최신 버전을 처음 설치한 사람에게는 브랜치 이름이 main으로 나타납니다. master라는 브랜치 이름은 master(주인)와 slave(종)에서 유래하는데, 노예 제도를 연상시킨다 해서 최신 버전 깃에서는 main을 사용합니다. 브랜치가 무엇인지 아직 잘 모르더라도 괜찮습니다. 앞으로 배울 것이므로 여기에서는 브랜치 이름이 master에서 main으로 바뀌었다는 점만 기억해 두면 됩니다.

🐟 그동안 master 브랜치를 사용해 왔다면 깃을 새로 설치하더라도 main 브랜치로 바뀌지 않습니다. 그냥 master 브랜치로 사용해도 괜찮습니다.

6. 커맨드 라인에서 깃을 어떤 방법으로 사용할지 선택합니다. 기본값 'Git from the command line and also from 3rd-party software'가 선택된 상태로 [Next]를 클릭하세요.

이어서 보안 서버에 접속하는 방법을 선택합니다. 기본값 'Use bundled OpenSSH'가 선택된 상태로 [Next]를 클릭하세요.

🐟 '커맨드 라인'이란 윈도우에서 리눅스 명령을 입력할 수 있는 창을 말합니다.

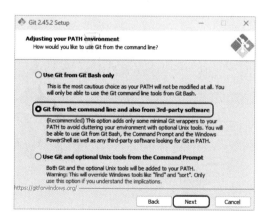

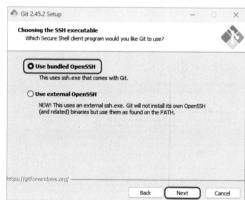

7. HTTPS처럼 보안이 추가되었을 때 어떻게 연결할 것인지 선택할 차례인데, 기본값 'Use the OpenSSL Library'를 선택하고 [Next]를 클릭합니다.

이어서 텍스트 파일에서 줄 끝부분을 어떻게 처리할 것인지 선택합니다. 기본값 'Checkout Windows-style, commit Unix-style line endings'가 선택된 상태로 [Next]를 클릭하세요.

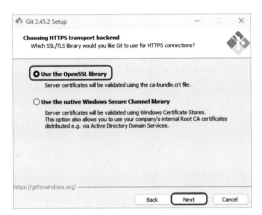
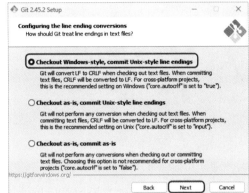

8. 터미널 에뮬레이터를 선택합니다. 여기에서는 기본값 'Use MinTTY'가 선택된 상태로 [Next]를 클릭하세요. 깃의 pull 명령을 어떻게 처리할 것인지 선택하는 화면이 나타나면 오른쪽 그림처럼 기본값 그대로 선택된 상태에서 [Next]를 클릭합니다.

'pull' 명령은 버전 관리한 것을 깃허브 같은 저장소로 보내는 역할을 합니다. 4-2절에서 배울 것이니 여기에서는 기본값 그대로 선택하세요.

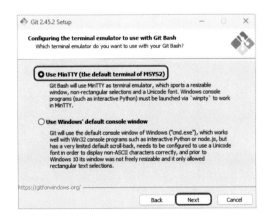

[Use Windows' default console window]는 윈도우의 명령 프롬프트 창을 사용한다는 뜻입니다.

9. 이어서 기본값 'Git Credential Manager'가 선택된 상태로 [Next]를 클릭합니다. 이어서 나오는 화면에서는 'Enable file system caching'이 선택된 상태로 [Next]를 클릭합니다.

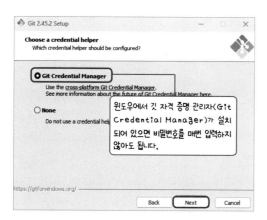
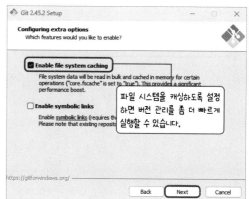

10. 제시된 옵션을 시험 삼아 사용해 볼 것인지 묻는 화면에서는 아무것도 선택하지 말고 [Install]을 클릭해 설치를 시작합니다. 잠시 기다리면 설치가 끝납니다. [Finish]를 클릭해 깃 설치를 끝내세요.

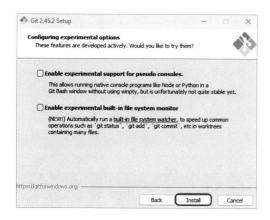

윈도우에서 깃 실행해 보기

깃을 사용하는 기본 방법은 터미널에서 깃 명령을 직접 입력하고 실행하는 것입니다. 이것을 커맨드 라인 인터페이스(CLI)라고 하죠. 윈도우에 깃을 설치했다면 터미널에서 CLI 방식으로 깃을 실행해 보겠습니다. 윈도우에서는 깃 배시(Git Bash)라는 프로그램을 사용해야 터미널에서 깃을 실행할 수 있습니다.

1. 윈도우 작업 표시줄의 검색 창에 'git'이라고 입력한 후 검색 결과 중에서 [Git Bash]를 선택합니다.

🐭 깃 배시는 윈도우에서 깃과 함께 설치한 프로그램입니다.

2. 깃 배시 창이 열리면 'git'이라고 입력한 후 Enter 를 눌러 보세요. 깃 명령에서 사용할 수 있는 여러 옵션이 표시된다면 깃이 제대로 설치된 것입니다.

```
$ git
```

```
funco@DESKTOP-CB5T4O6 MINGW64 ~
$ git
usage: git [-v | --version] [-h | --help] [-C <path>] [-c <name>=<value>]
           [--exec-path[=<path>]] [--html-path] [--man-path] [--info-path]
           [-p | --paginate | -P | --no-pager] [--no-replace-objects] [--bare]
           [--git-dir=<path>] [--work-tree=<path>] [--namespace=<name>]
           [--config-env=<name>=<envvar>] <command> [<args>]

These are common Git commands used in various situations:

start a working area (see also: git help tutorial)
   clone     Clone a repository into a new directory
   init      Create an empty Git repository or reinitialize an existing one

work on the current change (see also: git help everyday)
   add       Add file contents to the index
   mv        Move or rename a file, a directory, or a symlink
   restore   Restore working tree files
   rm        Remove files from the working tree and from the index
```

이제 28쪽으로 넘어가서 깃의 환경 설정을 진행해 보세요.

한 걸음 더!

깃 배시 창의 배경색과 글자색을 바꾸고 싶다면?

깃 배시를 처음 실행하면 검은 배경에 밝은색 글자인 다크 모드(dark mode) 상태로 나타납니다. 개발자들은 보통 눈의 피로를 줄여 주는 다크 모드를 사용하지만, 이 책에서는 화면의 글자가 잘 보이도록 반대로 밝은 배경에 짙은색 글자로 바꿔서 사용하겠습니다.

혹시 깃 배시 창의 배경색과 글자색을 바꾸고 싶다면 왼쪽 위에 있는 ⟨🔲⟩를 클릭한 후 [Options]를 선택합니다. [Foreground]를 클릭해 글자색을 선택하고, [Background]를 클릭해 배경색을 선택한 다음 [Save]를 눌러 저장합니다.

맥에 깃 설치하기

맥에서는 윈도우처럼 깃 설치 파일을 따로 제공하지 않습니다. 그 대신 홈브류(Homebrew)나 맥포트(MacPorts) 같은 패키지 관리자를 이용해 깃을 설치합니다.

🔊 맥용 패키지 관리자란 맥에서 사용할 프로그램을 설치, 삭제하는 등의 관리를 쉽게 해주는 프로그램을 말합니다.

홈브류 설치하기

1. 웹 브라우저에서 https://brew.sh를 입력해 홈브류 사이트로 이동합니다. 화면 아래의 설치 명령을 복사합니다. 오른쪽에 있는 ▇를 클릭하면 명령을 간단히 복사할 수 있습니다.

2. 맥에서 터미널을 열고 Command + V 를 눌러 복사한 명령을 붙여 넣습니다. 그리고 Enter 를 누르세요.

3. 맥에서 사용하는 비밀번호를 입력하고 나면 홈브류가 설치되기 시작합니다. 시간이 조금 걸리므로 화면이 멈춘 것처럼 보이더라도 잠시 기다리면 설치가 끝납니다.

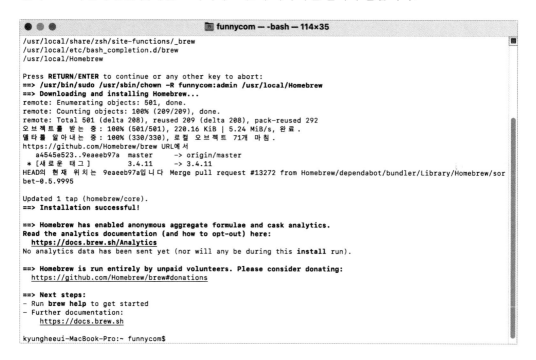

홈브류에서 깃 설치하기

홈브류를 설치했다면 이제 맥에 깃을 설치해 보겠습니다.

1. 맥 터미널에서 다음과 같이 입력한 후 Enter 를 누릅니다.

```
$ brew install git
```

2. 따로 설정하지 않아도 깃이 설치됩니다. 설치가 끝나면 $ 표시가 나타납니다.

```
● ● ●                              funnycom — -bash — 114×35
🍺 /usr/local/Cellar/libx11/1.8: 1,055 files, 7.0MB
==> Installing gdal dependency: nss
==> Pouring nss--3.78.monterey.bottle.tar.gz
🍺 /usr/local/Cellar/nss/3.78: 227 files, 43.9MB
==> Installing gdal dependency: qt@5
==> Pouring qt@5--5.15.3.monterey.bottle.tar.gz
🍺 /usr/local/Cellar/qt@5/5.15.3: 10,873 files, 389.9MB
==> Installing gdal dependency: poppler-qt5
==> Pouring poppler-qt5--22.05.0.monterey.bottle.tar.gz
🍺 /usr/local/Cellar/poppler-qt5/22.05.0: 477 files, 28.6MB
==> Installing gdal dependency: libtool
==> Pouring libtool--2.4.7.monterey.bottle.tar.gz
🍺 /usr/local/Cellar/libtool/2.4.7: 75 files, 3.8MB
==> Installing gdal dependency: unixodbc
==> Pouring unixodbc--2.3.11.monterey.bottle.tar.gz
🍺 /usr/local/Cellar/unixodbc/2.3.11: 48 files, 2.1MB
==> Installing gdal
==> Pouring gdal--3.4.3_1.monterey.bottle.tar.gz
🍺 /usr/local/Cellar/gdal/3.4.3_1: 356 files, 60.9MB
==> Running `brew cleanup gdal`...
Removing: /usr/local/Cellar/gdal/3.4.1_1... (356 files, 60.8MB)
Removing: /Users/funnycom/Library/Caches/Homebrew/gdal--3.4.1_1... (20.1MB)
==> Checking for dependents of upgraded formulae...
==> No broken dependents found!
==> Caveats
==> git
The Tcl/Tk GUIs (e.g. gitk, git-gui) are now in the `git-gui` formula.
Subversion interoperability (git-svn) is now in the `git-svn` formula.

Bash completion has been installed to:
  /usr/local/etc/bash_completion.d

Emacs Lisp files have been installed
  /usr/local/share/emacs/site-lisp/git
kyungheeui-MacBook-Pro:~ funnycom$
```

3. 깃 설치가 끝났다면 $ 옆에 'git'을 입력해 보세요. 깃과 관련된 명령이 나타난다면 깃 설치는 일단 성공한 것입니다.

```
$ git
```

```
● ● ●                              funnycom — -bash — 139×55
MacBook-Pro:~ funnycom$ git
usage: git [-v | --version] [-h | --help] [-C <path>] [-c <name>=<value>]
           [--exec-path[=<path>]] [--html-path] [--man-path] [--info-path]
           [-p | --paginate | -P | --no-pager] [--no-replace-objects] [--bare]
           [--git-dir=<path>] [--work-tree=<path>] [--namespace=<name>]
           [--config-env=<name>=<envvar>] <command> [<args>]

다음은 여러가지 상황에서 자주 사용하는 깃 명령입니다:

작업 공간 시작 (참고: git help tutorial)
   clone      저장소를 복제해 새 디렉터리로 가져옵니다
   init       빈 깃 저장소를 만들거나 기존 저장소를 다시 초기화합니다

변경 사항에 대한 작업 (참고: git help everyday)
   add        파일 내용을 인덱스에 추가합니다
   mv         파일, 디렉터리, 심볼릭 링크를 옮기거나 이름을 바꿉니다
   restore    Restore working tree files
   rm         파일을 작업 폴더에서 제거하고 인덱스에서도 제거합니다

커밋 내역과 상태 보기 (참고: git help revisions)
   bisect     이진 탐색으로 버그를 만들어낸 커밋을 찾습니다
   diff       커밋과 커밋 사이, 커밋과 작업 내용 사이 등의 바뀐 점을 봅니다
   grep       패턴과 일치하는 줄을 표시합니다
```

깃 환경 설정하기

깃을 사용하기 전에 먼저 **사용자 정보**를 입력해야 합니다. 깃은 버전을 저장할 때마다 그 버전을 만든 사용자 정보도 함께 저장하기 때문입니다. 이를 통해 어떤 버전을 누가 언제 만들었는지 쉽게 파악할 수 있습니다. 이제 깃에 사용자 정보를 입력해 보겠습니다.

여기서부터는 운영체제와 상관없이 리눅스 방식의 명령을 사용합니다. 현재 사용하는 시스템이 윈도우인지, 맥인지 상관없이 그대로 따라오면 됩니다.

1. 사용하는 운영체제가 윈도우라면 깃 배시를, 맥이라면 터미널 창을 열어 보세요.

2. 깃에서 사용자 정보를 설정하려면 git config 명령을 사용합니다. 여기에 --global 옵션을 추가하면 현재 컴퓨터에 있는 모든 저장소에서 같은 사용자 정보를 사용하도록 설정합니다. 터미널 창에 다음과 같이 입력해서 사용자의 이름과 이메일 주소를 저장하세요.

🐭 리눅스 명령을 입력할 수 있는 창을 윈도우에서는 '커맨드 라인', 맥에서는 '터미널'이라고 합니다. 이 책에서는 터미널로 통일해서 사용하겠습니다.

🐭 global 앞에 붙임표(-)가 2개 있다는 점에 주의하세요.

```
$ git config --global user.name "이름"
$ git config --global user.email "메일 주소"
```

```
MINGW64:/c/Users/funco                                          —    □    ×

funco@DESKTOP-CB5T4O6 MINGW64 ~
$ git config --global user.name "kyunghee"

funco@DESKTOP-CB5T4O6 MINGW64 ~
$ git config --global user.email "jump2dev@gmail.com"

funco@DESKTOP-CB5T4O6 MINGW64 ~
$
```

🐭 여기에서는 깃허브 계정을 하나만 사용한다 가정하고 --global 옵션을 사용했습니다. 깃허브 계정이 여러 개라면 계정마다 깃 환경을 따로 설정해야 합니다.

③ 리눅스 명령 연습하기

터미널 창에서 깃을 사용하기 위해 쓰는 명령은 리눅스 명령과 같습니다. 깃을 사용하기 전에 미리 알아 두어야 할 리눅스 명령을 먼저 살펴보겠습니다.

현재 디렉터리 살펴보기

1. 깃 배시를 실행한 후 커서 윗줄을 보면 맨 끝에 물결표(~)가 있습니다. 현재 위치가 홈 디렉터리(home directory)라는 의미입니다.

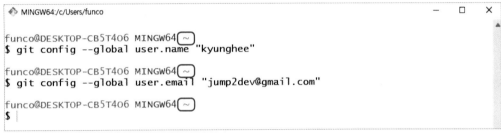

🐨 윈도우 탐색기의 '폴더(folder)'를 리눅스에서는 '디렉터리(directory)'라고 합니다.

2. pwd 명령을 입력하고 Enter 를 누르세요. 현재 위치의 경로가 나타납니다.

```
$ pwd
```

🐨 pwd는 'print working directory'의 줄임말입니다.

3. 현재 디렉터리에 어떤 파일이나 디렉터리가 있는지 확인할 때는 ls 명령을 사용합니다. ls 명령을 입력하고 (Enter)를 누르면 디렉터리와 파일 이름이 나타납니다. 이름 뒤에 슬래시(/)가 붙어 있으면 디렉터리입니다. 🐝 ls는 'list'의 줄임말입니다.

```
$ ls
```

4. ls 명령 뒤에 한 칸 띄고 -l 옵션을 붙이면 파일이나 디렉터리의 상세 정보까지 표시할 수 있습니다.

🐝 -l 옵션에서 알파벳 소문자 l(엘) 대신 대문자 L을 사용해도 됩니다.

```
$ ls -l
```

```
MINGW64:/c/Users/funco                                        —  □  ✕

funco@DESKTOP-CB5T406 MINGW64 ~
$ ls -l
total 13017
drwxr-xr-x 1 funco 197609        0 Jul 10  2021 '3D Objects'/
drwxr-xr-x 1 funco 197609        0 Apr 14 15:36  AppData/
lrwxrwxrwx 1 funco 197609       30 Apr 14 15:28 'Application Data' -> /c/Users/func
o/AppData/Roaming/
drwxr-xr-x 1 funco 197609        0 Apr 14 15:39  Contacts/
lrwxrwxrwx 1 funco 197609       58 Apr 14 15:28  Cookies -> /c/Users/funco/AppData/
Local/Microsoft/Windows/INetCookies/
drwxr-xr-x 1 funco 197609        0 May 11 15:09  Desktop/
drwxr-xr-x 1 funco 197609        0 Apr 14 15:39  Documents/
drwxr-xr-x 1 funco 197609        0 May 12 16:03  Downloads/
drwxr-xr-x 1 funco 197609        0 Apr 14 15:39  Favorites/
drwxr-xr-x 1 funco 197609        0 Apr 14 15:39  Links/
lrwxrwxrwx 1 funco 197609       28 Apr 14 15:28 'Local Settings' -> /c/Users/funco/
AppData/Local/
```

ls 명령 옵션 4가지

ls 명령을 사용할 때 옵션을 추가하면 파일과 디렉터리를 다양한 형식
으로 표시할 수 있습니다. ls 명령 다음에 붙임표(-)를 붙이고 옵션을
나타내는 문자를 작성합니다. 이때 -al처럼 옵션을 2개 이상 사용할 수
있습니다.

ls 명령 옵션의 종류는 다음과 같습니다.

옵션	설명
-a	숨긴 파일이나 디렉터리도 함께 표시합니다.
-l	파일이나 디렉터리의 상세 정보를 함께 표시합니다.
-r	파일의 정렬 순서를 거꾸로 표시합니다.
-t	파일 작성 시간순(내림차순)으로 표시합니다.

터미널 창 지우기

터미널에서 여러 소스를 입력하다 보면 화면이 가득 차서 결과를 쉽게 확인하기 어려울 때가
있습니다. 이럴 때 clear 명령을 사용하면 터미널 화면을 깨끗하게 비울 수 있습니다.

```
$ clear
```

터미널 창에서 디렉터리 이동하기

터미널 창에서 깃을 사용한다면 디렉터리 사이를 바로 이동하는 경우가 많습니다. 터미널 창
에서 디렉터리 사이를 이동할 때는 cd 명령을 사용합니다.

1. 먼저 현재 위치에서 상위 디렉터리로 이동해 보겠습니
다. 다음과 같이 cd 명령 다음에 한 칸 띄고 마침표 2개를
입력하세요.

cd는 'change directory'의 줄임말
입니다.

```
$ cd ..
```

2. cd 명령을 실행한 후 $ 기호 위에 표시된 경로를 확인해 보세요. 끝부분에 'c/Users'라고 나타나지요? 'c/Users/사용자 아이디'에서 한 단계 위로 올라간 경로입니다.

```
MINGW64:/c/Users                                          —    □    ×

funco@DESKTOP-CB5T406 MINGW64 ~
$ cd ..

funco@DESKTOP-CB5T406 MINGW64 /c/Users
$
```

3. 한 번 더 상위 디렉터리로 이동해 보겠습니다. 이번에는 c 드라이브의 루트 폴더, 즉 c:/까지 이동해 보겠습니다. ls 명령을 사용해서 그 안의 내용을 확인할 수도 있습니다.

🐨 디렉터리를 구분할 때 리눅스와 맥에서는 '/' 기호를 사용하고 윈도우에서는 '\' 기호를 사용합니다.

```
$ cd ..
$ ls
```

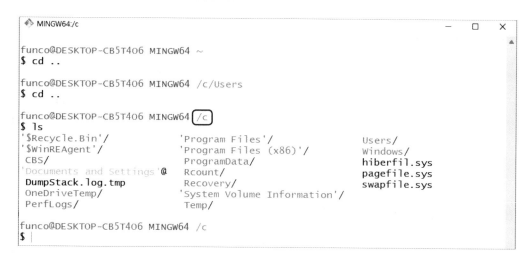

```
MINGW64:/c                                                —    □    ×

funco@DESKTOP-CB5T406 MINGW64 ~
$ cd ..

funco@DESKTOP-CB5T406 MINGW64 /c/Users
$ cd ..

funco@DESKTOP-CB5T406 MINGW64 /c
$ ls
'$Recycle.Bin'/              'Program Files'/            Users/
'$WinREAgent'/               'Program Files (x86)'/      Windows/
 CBS/                         ProgramData/               hiberfil.sys
'Documents and Settings'@     Rcount/                    pagefile.sys
 DumpStack.log.tmp            Recovery/                  swapfile.sys
 OneDriveTemp/               'System Volume Information'/
 PerfLogs/                    Temp/

funco@DESKTOP-CB5T406 MINGW64 /c
$
```

4. 하위 디렉터리로 이동할 때는 cd 명령 다음에 이동할 하위 디렉터리 이름을 입력합니다. 예를 들어 현재 c 드라이브에 있는데 c/Users 디렉터리로 가려면 다음과 같이 명령을 입력합니다. 입력한 후 $ 위에 표시된 현재 경로를 보면 c/Users라고 나타날 것입니다.

```
$ cd Users
```

```
MINGW64:/c/Users

funco@DESKTOP-CB5T406 MINGW64 /c
$ cd Users

funco@DESKTOP-CB5T406 MINGW64 /c/Users
$
```

5. 처음에 출발했던 디렉터리, 즉 홈 디렉터리로 돌아가려면 다음과 같이 입력합니다. ~는 홈 디렉터리를 나타냅니다.

```
$ cd ~
```

리눅스에서 디렉터리를 나타내는 기호

리눅스에서는 현재 위치나 파일 경로를 나타낼 때 몇 가지 약속된 기호를 사용합니다. 다음 기호는 꼭 기억해 두세요.

기호	설명
~	현재 접속 중인 사용자 디렉터리를 가리킵니다. 'c/Users/사용자 아이디'가 사용자 디렉터리입니다. 터미널 창에서 $ 기호 윗줄에 있는 ~가 바로 사용자 디렉터리를 가리킵니다. 사용자 아이디는 5글자까지만 나타납니다.
.	현재 사용자가 작업 중인 디렉터리입니다.
..	현재 디렉터리의 상위 디렉터리입니다.

'~' 기호는 29쪽, '..' 기호는 31쪽, '.' 기호는 38쪽에서 사용한 예를 살펴볼 수 있습니다.

터미널 창에서 디렉터리 만들기 및 삭제하기

1. 터미널 창에서 현재 디렉터리 안에 하위 디렉터리를 만들 때는 mkdir 명령을 사용합니다. 예를 들어 홈 디렉터리 안에 있는 Documents 디렉터리에 test라는 하위 디렉터리를 만든다면 다음과 같이 작성합니다.

🐟 현재 위치가 사용자(Users) 디렉터리가 아니라면 cd ~/Users를 사용해 사용자 디렉터리로 이동한 후 따라 하세요.

🐟 mkdir은 'make directory'의 줄임말입니다.

```
$ cd Documents
$ mkdir test
```

2. mkdir 명령을 실행하고 하위 디렉터리가 만들어져도 화면에는 아무것도 나타나지 않습니다. test 디렉터리가 제대로 만들어졌는지 확인하려면 ls 명령을 사용합니다.
화면에 'test/'라고 표시되나요? 이름 뒤에 /가 붙은 것은 디렉터리라는 뜻입니다.

```
$ ls
```

3. 디렉터리를 만들었다면 삭제할 수도 있겠죠? 디렉터리를 삭제할 때는 rm 명령을 사용합니다. 단, 명심할 것은 삭제할 디렉터리의 상위 디렉터리에서 해야 한다는 것입니다.
예를 들어 Documents 디렉터리 안에 있는 test 디렉터리를 삭제하려면 Document 디렉터리에서 rm 명령을 사용합니다. 이때 -r 옵션을 붙이면 디렉터리 안에 있는 하위 디렉터리와 파일을 함께 삭제할 수 있습니다.

🐟 rm은 'remove'의 줄임말입니다.

```
$ rm -r test
```

4. test 디렉터리를 삭제한 후 ls 명령을 실행해 보면 test 디렉터리가 삭제되어 있을 것입니다.

```
funco@DESKTOP-CB5T4O6 MINGW64 ~/Documents
$ rm -r test

funco@DESKTOP-CB5T4O6 MINGW64 ~/Documents
$ ls
 Camtasia/        'My Videos'@   desktop.ini   '사 용 자  지 정  Office 서 식  파 일 '/
'My Music'@        Overwatch/    sample.html   '카 카 오 톡  받 은  파 일 '/
'My Pictures'@     Zoom/         sample.txt

funco@DESKTOP-CB5T4O6 MINGW64 ~/Documents
$
```

터미널 종료하기

터미널 창을 닫을 때 창의 오른쪽 위에 있는 ☒를 클릭해도 되고, 터미널 창에 'exit' 명령을 입력해서 종료할 수도 있습니다.

```
$ exit
```

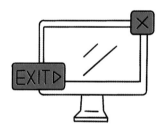

 **명령어 테스트** │ **1장에서 꼭 기억해야 할 명령**

이 장에서 배운 명령 가운데 꼭 기억해야 할 것을 모아 놓았습니다. 오랫동안 기억할 수 있도록 설명을 참고해서 명령을 완성해 보세요. 잘 기억나지 않는다면 해당하는 페이지로 돌아가 복습해 보세요.

1. `git config u`＿＿＿＿＿＿＿ : 깃 환경에서 이름을 'easys'로 지정합니다. → 28쪽

2. `git config u`＿＿＿＿＿＿＿ : 깃 환경에서 이메일을 'doit@easys.co.kr'로 지정합니다. → 28쪽

3. `p`＿＿＿＿ : 현재 경로를 표시합니다. → 29쪽

4. `l`＿＿＿＿ : 현재 디렉터리 안의 내용을 표시합니다. → 30쪽

5. `l`＿＿＿＿ : 현재 디렉터리 안의 파일과 폴더 상세 정보까지 표시합니다. → 30쪽

6. `c`＿＿＿＿ : 부모 디렉터리로 이동합니다. → 31쪽

7. `l`＿＿＿＿ : 현재 디렉터리 안의 숨긴 파일과 숨긴 디렉터리도 표시합니다. → 31쪽

8. `c`＿＿＿＿ : 화면을 깨끗하게 지웁니다. → 31쪽

9. `c`＿＿＿＿ : 지정한 하위 디렉터리로 이동합니다. → 32쪽

10. `m`＿＿＿＿ : 새 디렉터리를 만듭니다. → 33쪽

11. `c`＿＿＿＿ : 홈 디렉터리로 이동합니다. → 33쪽

12. `r`＿＿＿＿ : 파일이나 디렉터리를 삭제합니다. 디렉터리는 -r 옵션을 사용합니다. → 34쪽

13. `e`＿＿＿＿ : 터미널 창을 종료합니다. → 35쪽

2

깃으로 버전 관리하기

깃에서는 문서를 수정할 때마다 간단한 메모와 함께 수정 내용을 스냅숏으로 찍어서 저장합니다. 이것을 '버전'이라고 합니다. 깃에서 기본이자 가장 중요한 기능이 이렇게 만든 버전들을 관리하는 것입니다.

이 장에서는 문서를 수정하면서 수정 내용을 버전으로 저장하는 방법과, 저장한 버전을 사용해 이전 내용으로 되돌리는 방법까지 살펴볼 것입니다. 깃의 버전 관리 방법을 잘 이해해 두어야 앞으로 배울 깃의 백업 기능이나 협업 기능도 이해할 수 있으므로 꼼꼼히 따라 하면서 연습해 두세요.

② 깃 저장소 만들기

깃을 설치하고 터미널 사용법도 익혔으니 이제부터 본격적으로 깃을 사용해 보겠습니다. 깃으로 버전 관리를 하려면 폴더 안에 버전이 저장되는 공간이 필요한데 이것을 **저장소**(repository)라고 합니다. 우선 깃의 기본 개념을 익히기 위해 먼저 사용자 컴퓨터에 저장소를 만들겠습니다.

1. 깃 저장소는 시스템 내 어느 곳이든 만들 수 있습니다. 여기에서는 C 드라이브에 저장소를 만들어 보겠습니다.

터미널 창을 열고 cd 명령을 사용해 C 드라이브로 이동합니다. C 드라이브를 지정할 때는 드라이브 이름 C 뒤에 콜론(:)을 붙여야 합니다. 그리고 다음과 같이 입력해 hello-git 디렉터리를 만들고 hello-git 폴더로 이동합니다.

> 🐨 깃 배시에서 cd 명령으로 찾아가기 어렵다면 탐색기에서 저장소를 만들 디렉터리를 마우스 오른쪽 버튼으로 클릭한 후 [추가 옵션 표시] → [Open Git Bash here]를 선택해도 됩니다.

```
$ cd c:
$ mkdir hello-git
$ cd hello-git
```

2. hello-git 디렉터리 안의 내용을 살펴보기 위해 ls -la 명령을 입력해 보세요. ls 명령 다음에 -l 옵션과 함께 -a라는 옵션을 붙인 것은 숨김 파일이나 디렉터리까지 포함해서 모두 보여 달라는 의미입니다.

> 🐨 ls -al이라고 입력해도 됩니다.

```
$ ls -la
```

3. 화면에 두 줄짜리 결과가 나타날 것입니다. 마침표가 하나(.)인 항목은 현재 디렉터리를 나타내고, 마침표가 2개(..)인 항목은은 상위 디렉터리를 나타냅니다. 아직 아무 파일도 만들지 않았으므로 파일이 하나도 없습니다.

```
MINGW64:/c/hello-git                                        –  □  ×

funco@DESKTOP-CB5T406 MINGW64 ~
$ cd c:

funco@DESKTOP-CB5T406 MINGW64 /c
$ mkdir hello-git

funco@DESKTOP-CB5T406 MINGW64 /c
$ cd hello-git

funco@DESKTOP-CB5T406 MINGW64 /c/hello-git
$ ls -la
total 8
drwxr-xr-x 1 funco 197609 0 Apr 19 14:35 ./
drwxr-xr-x 1 funco 197609 0 Apr 19 14:35 ../

funco@DESKTOP-CB5T406 MINGW64 /c/hello-git
$
```

4. 이 디렉터리(hello-git)에 저장소를 만들기 위해 터미널
에 다음과 같이 입력합니다. 현재 디렉터리에서 깃을 사용
할 수 있도록 초기화하는 것입니다.

🐱 init 명령은 'initialize'의 줄임말로 초기화하다를 뜻합니다.

```
$ git init
```

5. 'Initialized empty Git repository…'라는 메시지가 나타난다면 이제부터 hello-git에서
깃을 사용할 수 있습니다. 터미널에 있는 파일 경로 끝에 (main)이라고 표시된 것이 보이나
요? 이제 hello-git 디렉터리에는 깃을 위한 저장소가 생겼
다는 의미입니다.

🐱 예전에 설치해 놓은 깃을 사용하고 있다면 (main) 대신 (master)로 표시될 것입니다.

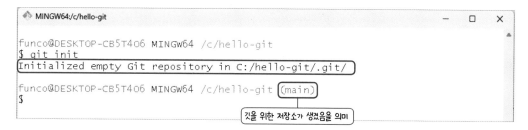

```
MINGW64:/c/hello-git                                        –  □  ×

funco@DESKTOP-CB5T406 MINGW64 /c/hello-git
$ git init
Initialized empty Git repository in C:/hello-git/.git/

funco@DESKTOP-CB5T406 MINGW64 /c/hello-git (main)
$
```
깃을 위한 저장소가 생겼음을 의미

6. ls 명령을 사용해서 디렉터리 안의 내용을 다시 한번 확인해 보겠습니다. 다음과 같이 입력
하세요.

```
$ ls -la
```

7. 처음에 살펴봤을 때 내용과 비교하면 .git이라는 디렉터리가 생겼을 것입니다. 이 디렉터리는 깃을 사용하면서 버전이 저장될 '저장소'입니다. 저장소는 앞으로 자세히 설명할 것입니다.

```
MINGW64:/c/hello-git                                              —    □    ×

funco@DESKTOP-CB5T406 MINGW64 /c/hello-git
$ git init
Initialized empty Git repository in C:/hello-git/.git/

funco@DESKTOP-CB5T406 MINGW64 /c/hello-git (main)
$ ls -la
total 12
drwxr-xr-x 1 funco 197609 0 Apr 19 14:36 ./
drwxr-xr-x 1 funco 197609 0 Apr 19 14:35 ../
drwxr-xr-x 1 funco 197609 0 Apr 19 14:36 .git/

funco@DESKTOP-CB5T406 MINGW64 /c/hello-git (main)
$
```

한 걸음 더!

.git 디렉터리가 보이지 않는다면?

윈도우의 탐색기나 맥 Finder에서 hello-git 디렉터리를 열었을 때 .git 디렉터리가 화면에 나타나지 않을 수 있습니다. 사용자가 실수로 .git 디렉터리를 지우지 않도록 숨겨 놓았기 때문입니다. 윈도우 11에서는 [보기] → [표시] → [숨긴 항목]을 선택하고, 윈도우 10이라면 [보기] 탭에서 [숨긴 항목]을 체크합니다. 맥이라면 Shift + Command + . 를 눌러서 숨어 있는 파일을 확인해 보세요.

윈도우 11

윈도우 10

2 버전 만들기

프로그램이나 앱을 설치하다 보면 버전이라는 말을 자주 접하게 됩니다. 예를 들어 1.0 버전에서 1.1 버전으로 업데이트된다고 하죠. 깃 역시 처음 만들어졌을 때 'git 0.0.1'이라는 일련번호가 붙은 채 배포되었습니다. 그리고 기능이 어느 정도 추가되면 0.0.2, 0.0.3처럼 번호가 바뀌어 다시 배포되었지요. 이 책을 쓰고 있는 현재 2.45.2까지 배포된 상태입니다. 이처럼 프로그램 개발에서는 수정 내용이 쌓이면 새로 번호를 붙여서 이전 상태와 구별합니다. 이렇게 번호 등을 통해 구별하는 것을 **버전**이라고 합니다.

깃에서도 문서를 수정할 때마다 버전을 만들면서 이전 상태와 구별합니다. 여기에서는 깃에서 버전을 만드는 방법을 알아보겠습니다.

깃에서의 버전 관리

깃에서 버전이란 문서를 수정하고 저장할 때마다 생기는 것이라고 생각하면 쉽습니다. 버전을 만든 시간과 수정 내용까지 기록할 수 있는 것이 바로 깃과 같은 **버전 관리 시스템**입니다. 깃에서 버전을 관리하면 원래 파일 이름은 그대로 유지하면서 파일에서 무엇을 변경했는지를 변경 시점마다 저장할 수 있습니다. 또, 버전마다 작업한 내용을 확인할 수 있고, 그 버전으로 되돌릴 수도 있습니다.

깃의 작업 영역 이해하기

깃은 어떻게 파일 이름을 그대로 유지하면서 수정 내역을 기록할까요? 깃을 처음 공부할 때 한번에 이해하기 힘든 이유는 이 과정이 생소할 뿐 아니라 눈에 보이지 않는 가상의 개념들이 등장하기 때문입니다. 먼저 다음 그림을 보면서 깃에서 버전을 만드는 단계를 살펴보겠습니다.

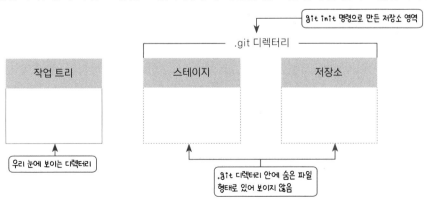

작업 트리

그림에서 가장 왼쪽에 있는 작업 트리(working tree)는 파일 수정, 저장 등의 작업을 하는 디렉터리입니다. 이 책의 실습을 따라왔다면 앞에서 만들었던 hello-git 디렉터리가 작업 트리입니다. 즉, 우리 눈에 보이는 디렉터리가 바로 작업 트리입니다.

스테이지

스테이지(stage)는 버전으로 만들 파일이 대기하는 곳입니다. 스테이징 영역(staging area)이라고도 합니다. 예를 들어 작업 트리에서 파일 10개를 수정했는데 4개만 버전으로 만들려면 이 파일 4개만 스테이지로 넘겨주면 됩니다.

저장소

저장소(repository)는 스테이지에서 대기하고 있던 파일들을 버전으로 만들어 저장하는 곳입니다.

스테이지와 커밋 이해하기

스테이지와 저장소는 눈에 보이지 않습니다. 깃을 초기화했을 때 만들어지는 .git 디렉터리 안에 숨은 파일 형태로 존재하는 영역이기 때문입니다. .git 안에 숨어 있는 스테이지와 저장소 영역을 상상하며 깃이 버전을 만드는 과정을 살펴보겠습니다.

hello.txt 문서를 수정하고 저장하면 그 파일은 작업 트리에 위치합니다. 수정한 hello.txt 파일을 버전으로 만들려면 우선 스테이지에 넣어야겠죠? 파일을 스테이지에 넣을 때 사용하는 명령은 add입니다.

👓 add 명령은 47쪽에서 자세히 알아보겠습니다.

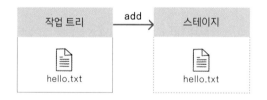 

스테이지에 있는 파일들은 버전을 만들 준비가 끝난 상태입니다. 깃에서 버전을 만드는 명령은 commit입니다. 그래서 버전을 만드는 것을 '커밋한다'라고 합니다. 깃에게 commit 명령을 내리면 새로운 버전이 생성되면서 스테이지에 대기하던 파일이 모두 저장소에 저장됩니다.

👓 commit 명령은 49쪽에서 자세히 알아보겠습니다.

작업 트리   스테이지   commit   저장소

정리해 볼까요? 먼저 작업 트리에서 문서를 수정합니다. 수정한 파일 가운데 버전으로 만들고 싶은 것을 스테이징 영역, 즉 스테이지에 저장합니다. 그리고 스테이지에 있던 파일을 저장소로 커밋하면 버전이 만들어집니다. 스테이지와 커밋이라는 개념이 당장은 어려울 수도 있지만 앞으로 실습을 차근차근 따라 하다 보면 깃을 점점 더 편하게 사용할 수 있을 것입니다.

비주얼 스튜디오 코드에 작업 폴더 연결하기

이제 본격적으로 깃으로 버전 만들기를 실습해 보겠습니다. 앞에서 깃을 설치할 때 기본 편집기로 비주얼 스튜디오 코드(이후 줄여서 VS Code)를 사용하기로 했죠? 그래서 실습에 사용할 폴더를 VS Code에 연결해야 합니다. 이것을 '작업 폴더를 추가한다'라고 합니다.

1. 윈도우 탐색기에서 새로 만든 hello-git 폴더가 보이게 이동한 후 VS Code를 실행합니다. 그리고 hello-git 폴더를 VS Code 화면으로 드래그합니다.

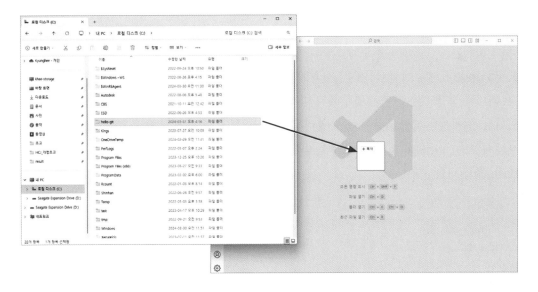

2. hello-git 디렉터리가 안전한지 묻는 창이
나타나면 [예, 작성자를 신뢰합니다.]를 클릭
합니다.

👁️ 왼쪽 화면은 사용자가 만든 디렉터리를 VS Code에 추가
할 때 계속 나타납니다. 앞으로 이 화면이 나타나면 따로 설명하
지 않더라도 [예, 작성자를 신뢰합니다.]를 클릭하세요.

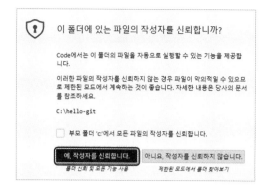

3. hello-git 디렉터리가 VS Code의 작업 폴더로 추가되었습니다.

비주얼 스튜디오 코드에서 터미널 사용하기

앞에서는 깃 배시를 활용해 실습을 했었죠? 그런데 VS Code를 기본 편집기로 사용하면 편집
기와 터미널(깃 배시)을 오가면서 작업해야 해서 꽤 번거롭습니다. 이때 VS Code의 터미널을
이용하면 한 화면에서 작업할 수 있어 편리합니다. VS Code에서 터미널을 사용할 수 있도록
설정해 보겠습니다.

1. VS Code의 메뉴에서 [터미널] → [새 터미널]을 선택하거나 Ctrl + Shift + `를 누릅니
다. 터미널 창을 여는 단축키 조합에서 마지막 키는 백틱 키로 키보드의 Esc 아래에 있는 ~
입니다. 맥에서는 터미널 창이 즉시 열리지만 윈도우에서는 깃 배시를 사용해야 합니다. 윈도
우에서 VS Code의 터미널 창 오른쪽 위에 있는 ➕ 아이콘 오른쪽에서 ⌄를 클릭하고 [Git
Bash]를 선택합니다.

2. 앞에서 봤던 터미널 창과 같은 화면이 나타날 것입니다. 이제부터 VS Code에 포함된 터미널 창을 활용하면 됩니다. 앞으로 이 책에서 터미널 창이라고 설명하면 VS Code의 터미널 창을 가리킵니다.

VS Code의 터미널 창을 깃 배시로 바꾸지 않더라도 깃 명령을 사용할 수 있습니다. 여기에서는 23쪽에서 살펴본 깃 배시 창과 같은 창을 활용하고 있습니다.

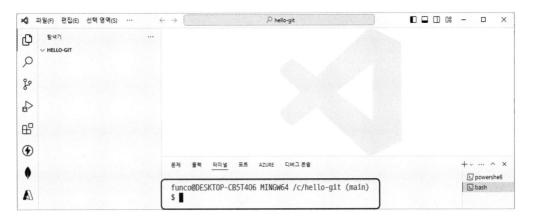

작업 트리에서 변경 사항 만들기

이제부터 작업 트리에 변경 사항을 만들어 보겠습니다. 여기에서는 앞에서 만들었던 hello-git 디렉터리에 새로운 파일을 만들고 수정해 보겠습니다.

1. 현재 hello-git 디렉터리로 이동해 있을 것입니다. 먼저 깃 상태를 확인하기 위해 다음과 같이 입력해 보세요.

```
$ git status
```

2. 깃의 상태를 보여 주는 메시지가 나타나는데 어떤 의미인지 간단히 살펴보겠습니다.

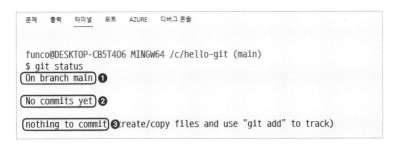

❶ **On branch main:** 현재 main 브랜치에 있습니다. main 브랜치는 이후에 자세히 설명하겠지만 여기에서는 저장소에 들어 있는 디렉터리와 비슷한 것이라고 생각해 두세요.

❷ **No commits yet:** 커밋한 파일이 아직 없습니다.

❸ **nothing to commit:** 현재 커밋할 파일이 없습니다.

3. hello-git 디렉터리에 새 파일을 만들어 보겠습니다. VS Code의 사이드바에서 [탐색기] 아이콘 을 클릭해서 탐색기로 이동합니다. 탐색기 창의 빈 공간을 마우스 오른쪽 버튼으로 클릭한 후 [새 파일]을 선택합니다.

4. 파일 이름을 hello.txt로 지정한 후 간단하게 숫자 '1'을 입력하고 Ctrl + S 를 눌러 파일을 저장합니다.

저장소에 수정 사항이 있을 경우 몇 개인지가 VS Code의 왼쪽 사이드바에 있는 [소스 제어] 아이콘 에 숫자로 표시됩니다.

5. 터미널 창에 다음과 같이 입력해서 깃의 상태를 다시 한번 확인해 보겠습니다.

`$ git status`

이번에는 조금 다른 메시지가 나타나죠? 'branch main'에 hello.txt라는 'Untracked files'가 있다고 하네요. 깃에서는 버전을 아직 한 번도 관리하지 않은 파일을 Untracked files라고 합니다.

지금까지 작업 트리에서 문서 파일을 만들어 봤습니다. 그림으로 나타내면 다음과 같습니다.

스테이지에 변경 사항 올리기 ─ git add

작업 트리에서 파일을 만들거나 수정했다면 스테이지에 추가합니다. 이렇게 깃에게 버전 만들 준비를 하라고 알려 주는 것을 **스테이징**(staging) 또는 **스테이지에 올린다**라고 표현합니다.

> 🐝 스테이징 내용은 .git/index 파일에 저장되므로 스테이지에 올리는 것을 '인덱스(index)에 등록한다'라고도 합니다.

1. 깃에서 스테이징할 때 사용하는 명령은 git add입니다. 터미널에 다음과 같이 입력해도 아무 내용이 나타나지 않을 것입니다. 그렇다고 아무 일도 안 한 것은 아닙니다.

> 🐝 스테이지에 올릴 때 경고(warning) 메시지가 나타나더라도 스테이징되었으니 걱정하지 마세요. 자세한 내용은 48쪽의 〈한 걸음 더〉를 참고하세요.

```
$ git add hello.txt
```

2. 그렇다면 무엇이 바뀌었는지 깃의 상태를 확인해 볼까요?

```
$ git status
```

3. 'Untracked files:'이라는 문구가 'Changes to be committed:'로 바뀌었죠? 그리고 hello. txt 파일 앞에 'new file:'이라는 수식어가 추가로 나타납니다. '새 파일 hello.txt를 (앞으로) 커밋할 것이다.'라는 뜻입니다.

앞에서 만든 hello.txt 파일이 스테이지에 추가되었습니다. 그림으로 나타내면 다음과 같습니다. 이제 버전을 만들 준비를 마쳤습니다.

한 걸음 더!

윈도우에서 스테이징할 때 경고 메시지가 나타난다면?

깃에서 사용하는 명령은 리눅스를 기반으로 하고, 윈도우에서는 깃 배시 프로그램을 거쳐서 깃 명령을 사용한다고 1-2절에서 설명했지요? 윈도우에서 깃을 사용할 때는 주의해야 할 점이 있습니다. 윈도우와 리눅스의 줄 바꿈 문자가 다르다는 것입니다.

줄 바꿈 문자란 텍스트 문서에서 Enter 를 눌렀을 때 그 위치에 삽입되는 문자로, 개행 문자 또는 eol(end of line)이라고도 합니다. 윈도우에서 문서를 저장하면 줄이 바뀌는 자리에 눈에 보이지 않는 CR 문자와 LF 문자가 삽입됩니다(이 둘을 합쳐서 CRLF 문자라고 합니다). 리눅스와 맥에서는 문서를 저장할 때 줄이 바뀌는 자리에 LF 문자가 삽입됩니다.

그래서 윈도우에서 텍스트 문서를 스테이지에 올릴 때는 'warning: LF will be replaced by CRLF in hello.txt.' 같은 경고 메시지가 나타날 수 있습니다. 깃에서는 텍스트 문서의 CRLF 문자를 LF 문자로 자동 변환해서 커밋할 것이라는 의미입니다. 사용자가 어떤 조치를 따로 하지 않아도 되므로 메시지의 뜻만 이해하고 넘어가세요.

스테이징한 파일 커밋하기 — git commit

파일이 스테이징 영역에 있다면 이제 버전을 만들 수 있습니다. 버전 만드는 것을 깃에서는 **커밋**(commit)**한다**라고 합니다. 커밋할 때는 버전의 변경 사항을 확인할 수 있도록 메시지를 함께 기록해 두어야 합니다.

1. 깃에서 파일을 커밋하는 명령은 git commit입니다. 그리고 한 칸 띄운 후에 -m 옵션을 붙이고 커밋과 함께 저장할 메시지를 적습니다. 이 메시지를 **커밋 메시지**라고 합니다. 터미널 창에 다음과 같이 입력해 보세요.

🐢 -m 옵션에서 m은 message의 줄임 말입니다. 커밋 메시지는 영문과 한글 모두 사용할 수 있습니다.

```
$ git commit -m "message1"
```

2. 커밋한 후에 결과 메시지를 보면 파일 1개가 변경되었고(1 file changed), 파일에 1개의 내용이 추가되었다(1 insertion(+))고 나타납니다. 스테이지에 있던 hello.txt 파일이 저장소에 추가된 것입니다.

3. 커밋한 후 깃의 상태는 어떨까요? 다음과 같이 입력해 보세요.

```
$ git status
```

4. 버전으로 만들 파일이 없고(nothing to commit), 작업 트리도 수정 사항 없이 깨끗하다(working tree clean)고 나타납니다.

🐨 수정한 내용을 모두 커밋하면 VS Code의 [소스 제어] 아이콘 🔧에 있던 숫자도 사라집니다.

5. 버전이 제대로 만들어졌는지 어떻게 확인할까요? 저장소에 저장된 버전을 확인할 때는 log 명령을 사용합니다. 터미널 창에 다음과 같이 입력하세요.

```
$ git log
```

6. 방금 커밋한 버전을 설명하는 정보가 나타납니다. 커밋을 만든 사람과 시간, 커밋 메시지가 함께 보이죠. 수정한 파일을 커밋하면 이렇게 수정과 관련된 여러 정보를 함께 저장할 수 있고 필요할 때 확인할 수도 있습니다.

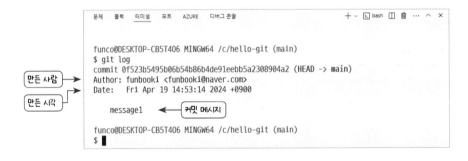

스테이지에 있던 hello.txt 파일의 버전이 만들어졌습니다. 이 개념을 그림으로 나타내면 다음과 같습니다.

스테이징과 커밋 한꺼번에 처리하기 — git commit -am

수정한 파일을 스테이지에 하나씩 올려 두었다가 한꺼번에 커밋할 수도 있지만, 수정한 내용을 스테이지에 올리는 동시에 커밋까지 처리할 수도 있습니다. 단, 이 방법은 한 번이라도 커밋한 적이 있는 파일을 다시 커밋할 때만 사용할 수 있습니다.

commit 명령에 -am 옵션을 사용하면 스테이징과 커밋을 한꺼번에 처리할 수 있습니다.

-am 옵션은 all을 뜻하는 -a 옵션과 messaage를 뜻하는 -m 옵션을 함께 묶은 것입니다. -a -m처럼 따로 적용해도 됩니다.

1. 앞에서 만들었던 hello.txt 파일을 다시 수정해서 스테이징과 커밋을 한꺼번에 해보겠습니다. VS Code의 탐색기 창에서 hello.txt를 선택해 편집 창에 나타나면 숫자 '2'를 추가한 후 Ctrl + S 를 눌러 저장합니다.

2. 앞에서는 수정한 파일을 스테이지에 올리고 커밋하는 것을 git add 명령과 git commit 명령을 사용해서 처리했습니다. hello.txt 파일은 이전에 커밋한 적이 있으므로 git commit 명령에 -am 옵션을 붙여서 스테이징과 커밋을 한꺼번에 처리할 수 있습니다. 다음과 같이 입력하세요.

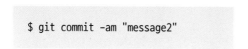

```
$ git commit -am "message2"
```

3. 스테이징과 커밋 과정이 한꺼번에 보일 것입니다.

4. 방금 커밋한 버전에 어떤 정보가 들어 있는지 확인해 보세요.

```
$ git log
```

5. hello.txt의 버전 2개가 나타나는데, 최신 버전 정보가 'message2'라는 메시지와 함께 맨 위에 보입니다.

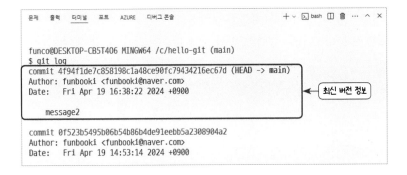

③ 커밋 내용 확인하기

지금까지 버전 만드는 방법을 알아보았습니다. 이제는 만든 버전을 확인하고, 버전마다 어떤 차이가 있는지 파악하면서 버전 관리하는 방법을 알아보겠습니다.

커밋 기록 자세히 살펴보기 — git log

깃에서 자주 사용하는 명령으로, 커밋했던 기록을 살펴보는 git log가 있습니다. git log 명령을 입력하면 지금까지 만든 버전이 화면에 보이고 버전마다 설명도 함께 나타납니다. 앞에서 git log 명령을 입력했을 때 나타난 화면을 더 자세히 살펴보겠습니다.

commit 항목 오른쪽에 영문과 숫자로 된 긴 문자열이 나타나는데 이것을 **커밋 해시**(commit hash), 또는 **깃 해시**(git hash)라고 합니다. 커밋을 구별하는 아이디라고 생각하면 쉽습니다. 그리고 커밋 해시 오른쪽에 있는 (HEAD -> main)는 이 버전이 가장 최신이라는 표시입니다. Author 항목에는 버전을 누가 만들었는지, Date 항목에는 버전이 언제 만들어졌는지 나타나죠. 그 아래에는 작성자가 기록한 커밋 메시지가 나옵니다. 이렇게 git log 명령을 입력했을 때 나오는 정보를 묶어 간단히 **커밋 로그**라고 합니다.

변경 사항 확인하기 — git diff

규모가 큰 프로그램을 짠다고 생각해 보겠습니다. 수만 줄짜리 소스 코드를 수정한 뒤 저장소에 있는 최근 버전과 비교해서 어떤 부분이 다른지 찾아야 한다면 어떻게 해야 할까요? 커밋 메시지를 참고해도 구체적으로 어디가 어떻게 수정되었는지 파악하기가 쉽지 않을 것입니다. 이럴 때 git diff 명령을 사용하면 작업 트리와 스테이지에 있는 파일을 비교하거나, 스테이지에 있는 파일과 저장소에 있는 최신 커밋을 비교해서 수정한 파일을 커밋하기 전에 최종 검토할 수 있습니다.

1. 앞의 내용을 계속 따라왔다면 hello.txt 파일에는 숫자 1부터 2까지 입력되어 있고, 저장소에는 2개의 버전이 저장되어 있을 것입니다. VS Code에서 hello.txt 파일을 열고 기존 내용 중에서 '2'를 지우고 'two'를 추가한 후 저장하세요.

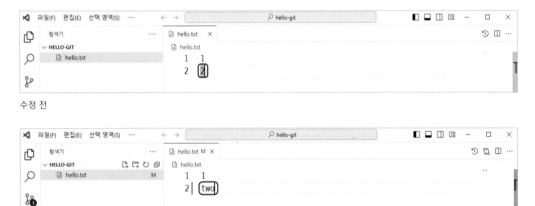

수정 전

수정 후

2. git status 명령을 사용해 깃의 상태를 확인해 보면 hello.txt 파일이 수정되었고, 아직 스테이징 상태가 아니라고 나옵니다.

```
$ git status
```

```
문제   출력   터미널   포트   AZURE   디버그 콘솔                        + ∨  bash  ⬚ 🗑 ⋯ ∧ ✕

funco@DESKTOP-CB5T406 MINGW64 /c/hello-git (main)
$ git status
On branch main
Changes not staged for commit:
  (use "git add <file>..." to update what will be committed)
  (use "git restore <file>..." to discard changes in working directory)
        modified:   hello.txt

no changes added to commit (use "git add" and/or "git commit -a")

funco@DESKTOP-CB5T406 MINGW64 /c/hello-git (main)
$
```

3. 방금 수정한 hello.txt 파일이 저장소에 있는 최신 버전의 hello.txt와 어떻게 다른지 확인해 보겠습니다. 이때 git diff 명령을 사용합니다.

```
$ git diff
```

4. 여러 내용이 나타나지만 여기에서는 필요한 부분만 살펴보겠습니다. ❶에 나타난 '-2'는 최신 버전과 비교할 때 hello.txt 파일에서 '2'가 삭제되었다는 뜻이고, ❷에 나타난 '+two'는 hello.txt 파일에 'two'라는 내용이 추가되었다는 뜻입니다.

이렇게 작업 트리에서 수정한 파일과 최신 버전을 비교한 후 수정한 내용으로 다시 버전을 만들려면 스테이지에 올린 후 커밋하면 됩니다.

5. 마지막으로 이어지는 실습을 위해 hello.txt를 원래대로 되돌려 놓겠습니다. VS Code에서 hello.txt 파일을 열고 'two' 부분을 숫자 '2'로 수정한 후 저장합니다.

한 걸음 더!

VS Code에서 변경 내용을 확인하려면?

VS Code의 소스 제어 창을 이용해도 변경 내용을 손쉽게 확인할 수 있습니다. 소스
제어 창에서 [변경 사항] 영역에 있는 파일 이름을 선택하거나 VS Code 편집 창 오
른쪽 위에 있는 [변경 내용 열기] 아이콘 🖹 을 클릭합니다.

새로운 탭이 열리면서 'hello.txt(작업 트리)'이 보일 것입니다. 작업 트리 파일은 화
면이 2개로 나뉘어 있는데, 왼쪽 화면에는 변경 직전의 내용이 표시되고 오른쪽 화면
에는 변경된 내용을 비교해서 보여 줍니다. 왼쪽 화면의 배경 부분은 삭제된 내용이
고, 오른쪽 화면의 배경은 추가된 내용입니다.

이런 기능을 활용하면 긴 코드를 수정했을 때 어느 부분이 어떻게 바뀌었는지 확인하기 쉽습니다.

🐨 숫자 2 앞에 있는 '-'와 'two' 앞에 있는 '+'로도 삭제된 것과 추가된 것을 구분할 수 있습니다.

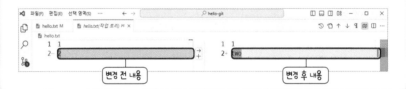

④ 버전 만드는 단계마다 파일 상태 알아보기

깃에서는 버전을 만드는 단계마다 파일 상태가 달라집니다. 그래서 파일 상태를 이해하면 이 파일이 버전 관리의 여러 단계 중 어디에 해당하는지, 그 상태에서 어떤 일을 할 수 있는지 알 수 있습니다. 하지만 파일 상태는 눈에 보이지 않으므로 머릿속으로만 떠올려야 합니다. 지금 당장 이해하기 어렵다면 깃 사용이 좀 더 익숙해진 후에 다시 돌아와서 이 내용을 살펴보면 도움이 될 것입니다.

tracked 파일과 untracked 파일

git status 명령을 사용하면 화면에 파일 상태와 관련된 여러 메시지가 나타납니다. 작업 트리에 있는 파일은 크게 tracked 상태와 untracked 상태로 나뉘는데 각각 무엇을 의미하는지 알아보겠습니다.

1. VS Code에서 hello.txt 파일을 열고 숫자 '3'을 추가한 후 저장합니다.

🐵🐵 파일을 수정하고 커밋하지 않은 상태에서는 hello.txt 탭 이름 옆에 'M'이라고 표시됩니다. M은 Modifie의 줄임말로 '수정한다'는 뜻입니다.

2. 새 파일을 만들고 이름을 hello2.txt로 지정합니다. 그리고 알파벳 a, b, c, d를 한 줄에 한 글자씩 입력하고 파일을 저장한 후 편집기를 종료합니다.

3. hello.txt 파일과 hello2.txt 파일 모두 작업 트리에 있습니다. git status 명령을 사용해 어떤 상태인지 확인해 보세요.

```
$ git status
```

4. 앞에서 커밋했던 hello.txt 파일은 'Changes not staged for commit:'이라고 되어 있습니다. 변경된 파일이 아직 스테이지에 올라가지 않았다는 뜻입니다. 그리고 파일 이름 앞에 'modified:' 라고 되어 있어 hello.txt가 수정되었다는 것을 알 수 있습니다. 이렇게 깃은 한 번이라도 커밋한 파일은 계속해서 수정 사항이 있는지 추적합니다. 깃이 추적하고 있다는 뜻에서 tracked 파일이라고 합니다.

반면에 hello2.txt 파일 앞에는 아무것도 없고 바로 위에는 'Untracked files:'이라고 되어 있네요. hello2.txt 파일은 한 번도 커밋하지 않았으므로 수정 내역을 추적하지 않습니다. 그래서 untracked 파일이라고 표시합니다.

```
문제  출력  터미널  포트  AZURE  디버그 콘솔

funco@DESKTOP-CB5T406 MINGW64 /c/hello-git (main)
$ git status
On branch main
Changes not staged for commit:
  (use "git add <file>..." to update what will be committed)
  (use "git restore <file>..." to discard changes in working directory)
        modified:   hello.txt

Untracked files:
  (use "git add <file>..." to include in what will be committed)
        hello2.txt

no changes added to commit (use "git add" and/or "git commit -a")

funco@DESKTOP-CB5T406 MINGW64 /c/hello-git (main)
$
```

5. git add 명령 다음에 파일 이름 대신 마침표(.)를 사용하면 작업 트리에 있는 수정 파일들을 스테이지에 한꺼번에 올릴 수 있습니다.

> 🐵 add 명령 다음에 한 칸을 띄고 마침표를 추가한다는 점에 주의 하세요

```
$ git add .
```

6. git status를 사용해 상태를 확인해 보겠습니다. 마지막 버전 이후에 수정한 hello.txt는 'modified:'로, 한 번도 버전 관리를 하지 않은 hello2.txt 는 'new file:'로 표시됩니다.

> 🐵 tracked 파일이나 untracked 파일 모두 스테이지에 올라온 것을 알 수 있습니다.

```
funco@DESKTOP-CB5T406 MINGW64 /c/hello-git (main)
$ git status
On branch main
Changes to be committed:
  (use "git restore --staged <file>..." to unstage)
        modified:   hello.txt
        new file:   hello2.txt


funco@DESKTOP-CB5T406 MINGW64 /c/hello-git (main)
$ ▐
```

7. 이제 커밋해 볼까요? 이 커밋에는 hello.txt를 수정한 내용과 새로 만든 hello2.txt 내용이다 포함됩니다. 커밋 메시지는 다음과 같이 작성하겠습니다. 커밋이 성공적으로 되었다면 로그를 확인해 보겠습니다.

```
$ git commit -m "message3"
$ git log
```

8. 'message3'라는 메시지를 붙인 커밋이 보입니다. 그런데 커밋마다 어떤 파일이 관련되었는지 알 수 없군요.

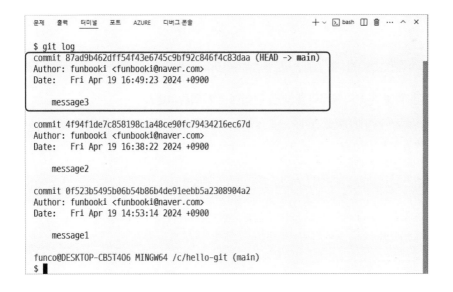

9. 커밋과 관련된 파일까지 함께 살펴보려면 git log 명령에 --stat 옵션을 사용합니다.

--stat 옵션은 'statics'의 줄임말로 통계를 뜻합니다. 이 옵션은 붙임표(-) 2개를 사용하며 커밋과 관련된 여러 통계를 보여 줍니다.

```
$ git log --stat
```

10. 가장 최근 커밋부터 순서대로 커밋 메시지와 관련 파일이 나열됩니다. message3 커밋은 hello.txt, hello2.txt 파일과 관련되어 있고, message2는 hello.txt 파일과 관련되었다는 것을 알 수 있습니다.

👀 터미널 창에 비해 깃 로그가 너무 길 경우 한 화면씩 나누어 보여 줍니다. [Enter]를 누르면 다음 로그 화면을 볼 수 있고, [Q]를 누르면 로그 화면에서 빠져나와 깃 명령을 입력할 수 있습니다.

한 걸음 더!

특정 파일이나 디렉터리를 버전 관리에서 제외하려면?

한 디렉터리 안에서 버전 관리를 하지 않을 파일이나 디렉터리가 있다면 .gitignore 파일을 만들어 목록을 지정할 수 있습니다. VS Code나 기타 편집기를 사용해서 .gitignore 파일을 만든 후, 그 안에 버전을 관리하지 않을 파일이나 디렉터리 이름, 또는 파일 확장자를 입력하면 됩니다. 주로 개인이 메모해 놓은 파일이나 자동으로 만들어진 SWP 파일, 백업 파일 등을 .gitignore 파일에 지정해 놓습니다.

예를 들어 다음과 같이 .gitignore 파일을 작성했다면 mynote.txt 파일과 temp 디렉터리, 확장자가 .swp인 파일을 버전 관리에서 제외할 수 있습니다.

unmodified, modified, stage 상태

버전을 한 번이라도 만들었던 파일은 tracked 상태가 된다고 했지요? 파일이 tracked 상태라면 깃 명령으로 현재 작업 트리에 있는지, 스테이지에 있는지 등 더 구체적으로 알 수 있습니다. 깃의 커밋 과정에서 tracked 파일의 상태가 어떻게 바뀌는지 확인해 보겠습니다.

1. ls -la 명령을 사용해 hello-git 디렉터리를 살펴보면 앞에서 버전을 저장한 hello.txt와 hello2.txt 파일이 있습니다. 여기에서는 hello2.txt 파일의 상태를 따라가 보겠습니다. 앞에서 버전을 저장한 뒤로 아직 아무 파일도 수정하지 않은 상태입니다.

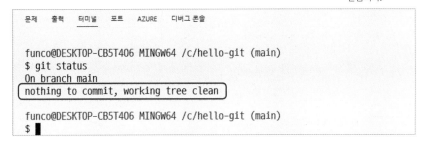

2. git status 명령을 사용해 깃과 파일의 상태를 확인해 보세요. 작업 트리에 아무 변경 사항이 없군요. 'working tree clean'이라고 나타나면 현재 작업 트리에 있는 모든 파일의 상태는 unmodified라는 뜻입니다.
👀 unmodified는 수정되지 않은 상태를 말합니다.

3. hello2.txt 파일을 수정해 보겠습니다. hello2.txt에서 a만 남기고 나머지 내용을 삭제한 후 파일을 저장합니다.

4. 다시 git status 명령을 실행합니다. hello2.txt 파일이 수정되었고 아직 스테이지에 올라가지 않았다고 나타납니다. 'Changes not stage for commit'라는 메시지가 나타나면 파일이 수정만 된 modified 상태를 뜻합니다.

```
funco@DESKTOP-CB5T406 MINGW64 /c/hello-git (main)
$ git status
On branch main
Changes not staged for commit:
  (use "git add <file>..." to update what will be committed)
  (use "git restore <file>..." to discard changes in working directory)
        modified:   hello2.txt

no changes added to commit (use "git add" and/or "git commit -a")

funco@DESKTOP-CB5T406 MINGW64 /c/hello-git (main)
$
```

5. git add 명령을 사용해 스테이지에 올리고 git status 명령을 실행해 보세요.

```
$ git add hello2.txt
$ git status
```

커밋할 변경 사항이 있다고 하는군요. 'Changes to be committed:'라는 메시지가 나타나면 커밋 직전 단계, 즉 staged 상태입니다.

```
문제   출력   터미널   포트   AZURE   디버그 콘솔


funco@DESKTOP-CB5T406 MINGW64 /c/hello-git (main)
$ git add hello2.txt

funco@DESKTOP-CB5T406 MINGW64 /c/hello-git (main)
$ git status
On branch main
Changes to be committed:
  (use "git restore --staged <file>..." to unstage)
        modified:   hello2.txt


funco@DESKTOP-CB5T406 MINGW64 /c/hello-git (main)
$
```

6. 스테이지에 있는 hello2.txt 파일을 커밋하세요. 그리고 git status 명령을 실행합니다. 커밋을 끝내고 나면 hello2.txt 파일의 상태는 수정하기 직전인 unmodified 상태로 돌아갑니다.

```
$ git commit -m "delete b, c, d"
$ git status
```

```
문제   출력   터미널   포트   AZURE   디버그 콘솔

funco@DESKTOP-CB5T406 MINGW64 /c/hello-git (main)
$ git commit -m "delete b, c, d"
[main 1fe03ff] delete b, c, d
 1 file changed, 1 insertion(+), 4 deletions(-)

funco@DESKTOP-CB5T406 MINGW64 /c/hello-git (main)
$ git status
On branch main
nothing to commit, working tree clean

funco@DESKTOP-CB5T406 MINGW64 /c/hello-git (main)
$ ▮
```

지금까지 살펴본 것처럼 같은 파일이더라도 깃에서 버전을 만들 때 어느 단계에 있는지에 따라 파일의 상태가 바뀝니다. 이제는 git status 명령을 실행한 결과 화면을 보고 파일의 상태를 알 수 있겠지요? 파일의 상태 변화는 다음과 같이 간단하게 정리할 수 있습니다.

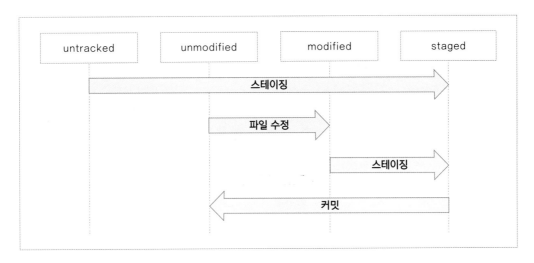

방금 커밋한 메시지를 수정하려면?

문서의 수정 내용을 기록해 둔 커밋 메시지를 잘못 입력했다면 커밋을 만들자마자 즉시 수정할 수 있습니다. 가장 최근 커밋 메시지를 수정하려면 git commit 명령에 --amend를 붙입니다. --amend 옵션은 덮어쓰기할 때 앞에 붙임표 2개를 사용합니다.

```
$ git commit --amend
```

깃을 설치할 때 지정한 기본 편집기(VS Code)가 실행되면서 원래 커밋 메시지가 나타납니다. 메시지를 수정한 후 저장합니다.

열려 있던 커밋 메시지 창을 닫으면 커밋이 자동으로 추가됩니다.

5 작업 되돌리기

앞에서 수정한 파일을 스테이지에 올리고 커밋하는 방법까지 살펴보았습니다. 파일을 수정하고 버전으로 만들 때 여러 단계를 거쳤지요? 이제부터는 스테이지에 올렸던 파일을 내리거나 커밋을 취소하는 등 각 단계로 돌아가는 방법을 알아보겠습니다. 여기까지 익히고 나면 버전 관리를 훨씬 능숙하게 할 수 있습니다.

작업 트리에서 수정한 파일 되돌리기 — git restore

수천 줄이 넘는 코드를 수정했다고 가정해 보겠습니다. 파일을 수정한 후 코드가 정상으로 동작하지 않거나 다른 이유로 수정한 것을 취소하고 가장 최신 버전 상태로 되돌려야 할 때가 있습니다. 그런데 코드를 일일이 뒤지면서 수정했던 것을 다시 되돌리기는 어렵겠죠? 작업 디렉터리에서 수정한 내용을 되돌리려면 restore 명령을 사용합니다.

> 🐝 기존 버전에서는 checkout 명령으로 수정 내용을 되돌렸는데 깃 2.23 버전부터는 restore 명령을 사용합니다. checkout 명령을 계속 사용할 수도 있지만, 기왕이면 새 명령에 익숙해지는 것이 좋겠죠.

2-4절의 실습 내용을 그대로 이어서 실행해 보세요.

1. 편집기에서 hello.txt 파일을 엽니다. 그리고 숫자 '3'을 'three'로 수정한 후 저장합니다.

> 🐝 커밋했던 문서를 수정하면 줄 앞에 세로 막대가 표시되어 변경된 곳을 한눈에 알아볼 수 있습니다.

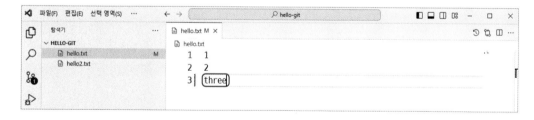

2. 이제 hello.txt 파일의 상태는 어떻게 바뀌었을까요? git status 명령을 사용해 보세요. hello.
txt가 수정되었지만 아직 스테이지에 올라가 있지 않습니다. 그리고 두 번째 괄호 안의 메시지
에는 작업 디렉터리의 변경 사항을 취소하려면 restore 명령을 사용하라고 되어 있군요.

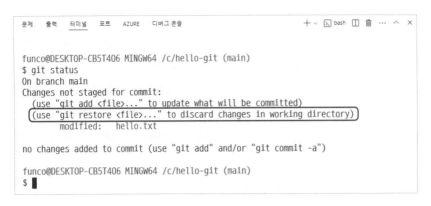

3. 이번에는 hello.txt의 수정 사항을 취소해 볼까요? git restore 명령 다음에 한 칸 띄고 파일
이름을 쓰면 됩니다. 다음과 같이 입력해 보세요.

```
$ git restore hello.txt
```

4. restore 명령이 정상으로 처리되면 바로 위에 있는 hello.txt의 내용이 즉시 바뀝니다. 즉,
처음에 수정한 'three'가 취소되고 다시 숫자 '3'으로 바뀝니다.

스테이징 되돌리기 — git restore --staged

앞에서는 파일을 수정했을 때 스테이징하지 않은 상태에서 수정을 취소하고 원래대로 되돌리
는 방법을 알아봤습니다. 이번에는 수정된 파일을 스테이징까지 했을 때 스테이징을 취소하는
방법을 살펴보겠습니다. 스테이징을 취소할 때도 restore
명령을 사용합니다. 여기에서는 앞에서 만들었던 hello2.txt
파일을 사용하겠습니다.

👀 이전 버전에서는 스테이징을 취소할
때 reset 명령을 사용했지만 깃 2.23 버전
이후에는 restore 명령으로 바뀌었습니다.

1. hello2.txt를 수정해 보겠습니다. 기존 내용을 모두 삭제하고 대문자 'ABCD'를 입력한 후 저장합니다.

2. git add 명령으로 hello2.txt 파일을 스테이지에 올린 후 git status 명령으로 파일 상태를 살펴보세요.

```
$ git add hello2.txt
$ git status
```

3. 상태 메시지에서 괄호 안의 내용을 읽어 보세요. 스테이지에서 내리려면(to unstage) git restore --staged 〈file〉 명령을 사용하라고 되어 있습니다.

4. 스테이징을 취소할 때는 restore 명령 뒤에 --staged 옵션을 붙이는데, 이 옵션만 사용하면 스테이지에 있는 모든 파일을 한꺼번에 되돌릴 수 있고, --staged 옵션 뒤에 파일 이름을 넣으면 해당 파일만 골라서 되돌릴 수 있습니다. 여기에서는 스테이지에 있는 hello2.txt를 내려 보겠습니다.

```
$ git restore --staged hello2.txt
```

5. git status를 사용해 파일 상태를 확인해 보세요. 파일이 아직 스테이지에 올라가기 전(not staged)으로 돌아온 것을 확인할 수 있습니다.

```
문제   출력   터미널   포트   AZURE   디버그 콘솔                     + ∨  ⟩ bash  ⬚  🗑  ⋯  ∧  ×

funco@DESKTOP-CB5T406 MINGW64 /c/hello-git (main)
$ git restore --staged hello2.txt

funco@DESKTOP-CB5T406 MINGW64 /c/hello-git (main)
$ git status
On branch main
Changes not staged for commit:
  (use "git add <file>..." to update what will be committed)
  (use "git restore <file>..." to discard changes in working directory)
        modified:   hello2.txt

no changes added to commit (use "git add" and/or "git commit -a")

funco@DESKTOP-CB5T406 MINGW64 /c/hello-git (main)
$ █
```

최신 커밋 되돌리기 — git reset HEAD^

이번에는 수정된 파일을 스테이징하고 커밋까지 했을 때 가장 마지막에 한 커밋을 취소하는 방법을 알아보겠습니다. 커밋을 취소하면 커밋과 스테이징이 함께 취소됩니다.

1. 다시 한번 hello2.txt 문서를 수정해 보겠습니다. 대문자 E를 끝에 추가한 후 저장합니다.

2. git commit 명령을 사용해 스테이징과 커밋을 함께 실행합니다. 커밋 메시지는 message4로 하겠습니다.

👁️‍🗨️ git commit -a -m처럼 -a 옵션과 -m 옵션을 따로 써도 됩니다.

```
$ git commit -am "message4"
```

3. git log 명령을 사용해서 제대로 커밋되었는지 확인해 보세요. 마지막 커밋 메시지는 message4입니다.

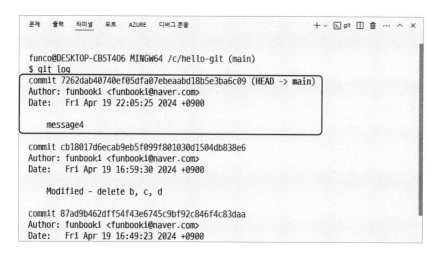 깃 로그 내용은 이전에 했던 작업에 따라 달라집니다. 최종 커밋 메시지는 mes-sage4라는 점만 확인하면 됩니다.

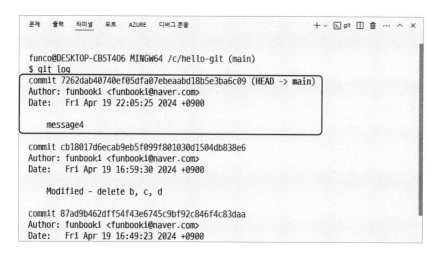

4. 최신 커밋을 되돌리려면 git reset 명령 다음에 HEAD^를 붙입니다. 이렇게 되돌리면 main의 최신 커밋도 취소되고 스테이지에서도 내려집니다. 작업 트리에만 파일이 남는 것이죠.

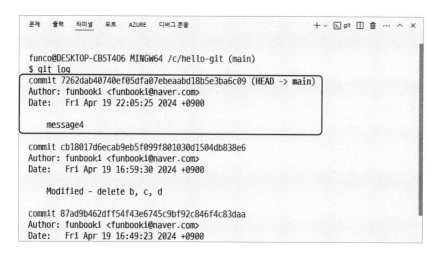 스테이징만 취소할 때는 restore 명령을 사용하지만 커밋을 취소할 때는 reset 명령을 사용합니다. 구별해서 기억해 두세요.

```
$ git reset HEAD^
```

5. hello2.txt 파일의 커밋이 취소되고 스테이지에서도 내려졌다는 메시지가 나타납니다.

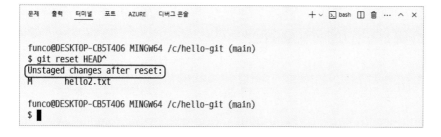

6. 정말 커밋이 취소됐을까요? git log 명령으로 확인해 보겠습니다. 메시지가 message4인 커밋이 사라진 것을 볼 수 있습니다. 이 방법으로 커밋을 취소하면 커밋 전에 했던 스테이징도 함께 취소됩니다.

7. hello.txt 파일의 스테이징과 커밋은 취소했지만 작업 트리에는 아직 남아 있습니다. 이 상태에서 새로 스테이징하고 커밋을 해도 되고, 변경 내용을 취소해도 됩니다. 여기에서는 restore 명령을 사용해 변경 내용을 취소합니다.

```
$ git restore hello2.txt
```

옵션에 따라 단계별로 취소하려면?

reset 명령은 사용하는 옵션에 따라 되돌릴 수 있는 단계가 다릅니다.

명령	설명
$ git reset --soft HEAD^	커밋을 취소하고 파일을 staged 상태로 작업 디렉터리에 보관합니다.
$ git reset --mixed HEAD^	커밋을 취소하고 파일을 unstaged 상태로 작업 디렉터리에 보관합니다.
$ git reset HEAD^	--mixed 옵션을 사용할 때와 같이, 커밋을 취소하고 파일을 unstaged 상태로 작업 디렉터리에 보관합니다.

특정 커밋으로 되돌리기 — git reset 해시

깃에는 파일을 수정하고 커밋할 때마다 저장된 버전들이 쌓입니다. 앞에서 살펴본 git reset HEAD^ 명령으로 최신 커밋을 되돌릴 수도 있지만 특정 버전으로 되돌려 놓고 그 이후 버전을 삭제할 수도 있습니다. 특정 커밋으로 되돌릴 때는 git reset 명령 다음에 커밋 해시를 사용합니다.

1. git reset 명령을 연습해 보기 위해 커밋을 몇 개 만들어 보겠습니다. hello-git 디렉터리에 rev.txt를 만듭니다. 간단하게 영문자 'a'를 입력한 후 저장하세요.

2. rev.txt를 스테이지에 올린 후 커밋 메시지 R1을 붙여 커밋합니다.

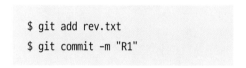

```
$ git add rev.txt
$ git commit -m "R1"
```

3. rev.txt를 한 번 더 수정해서 영문자 'b'를 추가한 후 저장하고, R2 메시지와 함께 커밋합니다.

```
$ git commit -am "R2"
```

4. 같은 방법으로 rev.txt에 영문자 'c'를 추가한 후 R3 메시지와 함께 커밋하고, rev.txt에 영문자 'd'를 추가한 후 R4 메시지와 함께 커밋합니다. 지금까지 커밋을 모두 4번 했습니다.

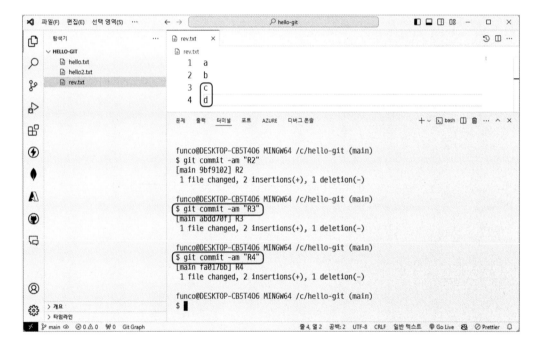

5. git log 명령을 사용해 지금까지 만든 커밋을 확인해 보세요. 커밋이 4개 있고 커밋마다 커밋 해시가 함께 나타나 있습니다. 여기에서는 R1 메시지가 있는 커밋을 R1 커밋, R2 메시지가 있는 커밋을 R2 커밋, … 이런 식으로 부르겠습니다.

👀 커밋 해시는 커밋 ID라고도 합니다.

👀 커밋 목록이 너무 길어서 한 화면에 볼 수 없다면 Enter를 누르세요. 다음 화면을 차례로 볼 수 있습니다.

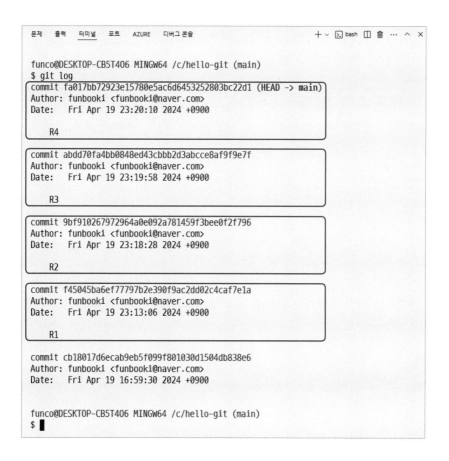

```
문제    출력    터미널    포트    AZURE    디버그 콘솔                        + ∨  >_ bash  ⊡  🗑  …  ∧  ✕

funco@DESKTOP-CB5T406 MINGW64 /c/hello-git (main)
$ git log
commit fa017bb72923e15780e5ac6d6453252803bc22d1 (HEAD -> main)
Author: funbooki <funbooki@naver.com>
Date:   Fri Apr 19 23:20:10 2024 +0900

    R4

commit abdd70fa4bb0848ed43cbbb2d3abcce8af9f9e7f
Author: funbooki <funbooki@naver.com>
Date:   Fri Apr 19 23:19:58 2024 +0900

    R3

commit 9bf910267972964a0e092a781459f3bee0f2f796
Author: funbooki <funbooki@naver.com>
Date:   Fri Apr 19 23:18:28 2024 +0900

    R2

commit f45045ba6ef77797b2e390f9ac2dd02c4caf7e1a
Author: funbooki <funbooki@naver.com>
Date:   Fri Apr 19 23:13:06 2024 +0900

    R1

commit cb18017d6ecab9eb5f099f801030d1504db838e6
Author: funbooki <funbooki@naver.com>
Date:   Fri Apr 19 16:59:30 2024 +0900


funco@DESKTOP-CB5T406 MINGW64 /c/hello-git (main)
$ ▮
```

6. 커밋 4개 가운데 R2라는 메시지가 붙은 R2 커밋으로 되돌려 보겠습니다. 즉, R3 커밋과 R4 커밋을 삭제하고 R2 커밋을 최신 커밋으로 만들 것입니다.

reset에서 커밋 해시를 사용해 되돌릴 때 주의할 점이 있습니다. 예를 들어 reset A를 입력한다면 이 명령은 삭제하는 것이 아니라 A 커밋 이후에 만들었던 커밋을 삭제하고 **A 커밋으로 이동**하겠다는 의미입니다. **최신 커밋을 가리키는 HEAD를 A로 리셋한다**고 생각하면 됩니다.

R3 커밋과 R4 커밋을 삭제하려면 그 이전 커밋인 R2 커밋을 최신 커밋으로 만들어야 합니다. R2 커밋으로 이동하기 위해 git log 명령의 결과 화면에서 R2 커밋의 커밋 해시를 선택한 후 Ctrl + C를 눌러 복사 합니다.

🐙 Ctrl + C가 동작하지 않는다면 Ctrl + Insert 를 사용하세요.

7. git reset 명령 다음에 --hard 옵션까지 입력한 후 [Ctrl] + [V]를 눌러 복사한 커밋 해시를 붙여 넣고 [Enter]를 누릅니다.

```
$ git reset --hard 복사한 커밋 해시
```

[Ctrl] + [V]가 동작하지 않는다면 [Shift] + [Insert]를 사용해 보세요.

8. 방금 복사해서 붙인 커밋 해시 위치로 HEAD가 옮겨졌다고 나타나죠? 즉, 방금 복사해서 붙인 커밋이 가장 최신 커밋이 된 것입니다.

9. git log 명령을 사용해서 로그 목록을 살펴보세요. 우리가 의도한 대로 R4 커밋과 R3 커밋은 삭제되고 커밋 해시를 복사한 커밋, 즉 R2 커밋이 최신 커밋이 됐습니다.

R2 커밋으로 되돌렸으니 rev.txt는 어떻게 됐을까요? rev.txt 파일을 확인해 보면 내용에 'b'까지만 있을 것입니다. 'c'와 'd'를 추가한 R4 커밋과 R3 커밋이 사라지고, R2 커밋이 최신 커밋이 되었기 때문에 'b'까지만 남은 것입니다.

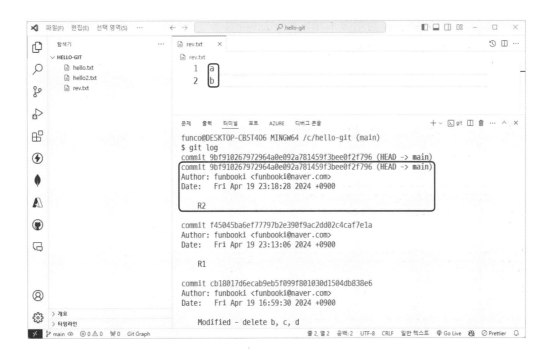

커밋 변경 이력 취소하기 — git revert

특정 커밋으로 되돌릴 때 수정한 내용을 삭제해도 된다면 git reset 명령을 사용하면 되지만, 나중을 대비해서 커밋을 취소하더라도 커밋한 기록은 남겨 두어야 할 때가 있습니다. 즉, 변경 사항만 취소하고 커밋은 남겨 두는 거죠. 이럴 경우에는 git revert 명령을 사용합니다.

1. 앞의 내용을 따라왔다면 rev.txt라는 파일에는 영문자 a와 b가 있을 것입니다. 커밋은 R2 까지 만들어졌을 것이고요. rev.txt 파일을 한 번 더 수정해서 영문자 'e'를 추가합니다. 수정 한 rev.txt를 R5라는 메시지와 함께 git commit -am 명령을 사용해 커밋하세요.

2. git log를 입력해 버전을 확인해 보세요. rev.txt 파일에 R1과 R2, R5라는 버전 3개가 만들어졌습니다.

여러분 화면에 나타나는 버전이 이 책과 똑같을 필요는 없습니다. 버전을 3~5개 만들어서 따라 해도 됩니다.

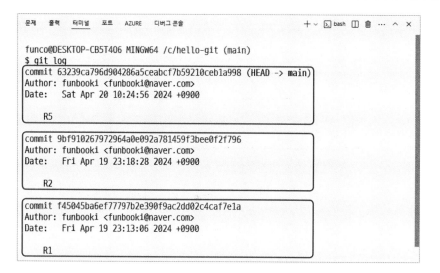

3. 가장 최근에 커밋한 R5 버전을 취소하고, R5 직전 커밋인 R2로 되돌아가려고 합니다. 여기에서는 취소하는 R5 버전을 삭제하지 않고 남겨 두려고 합니다. 이럴 때는 revert 명령을 사용하고 바로 뒤에 취소할 버전, 즉 R5의 커밋 해시를 지정합니다. 먼저 revert할 R5 커밋 해시를 복사합니다.

reset 명령을 사용한다면 취소할 커밋의 해시가 아니라 되돌아갈 커밋 해시를 지정하고, revert 명령을 사용한다면 취소할 커밋 해시를 지정한다는 점을 기억해 두세요.

4. revert 명령을 사용해서 R5 커밋을 취소하겠습니다.

```
$ git revert 복사한 커밋 해시
```

5. 기본 편집기가 자동으로 나타나면서 다음과 같이 커밋 메시지를 입력할 수 있습니다. 커밋 메시지 맨 위에는 R5 버전을 revert했다는 메시지가 나타납니다. 커밋을 취소하면서 남겨 둘 내용이 있다면 문서 맨 위에 입력하고 저장합니다. 확인이 끝나면 창을 닫습니다.

6. 실제로 버전이 어떻게 바뀌었는지 확인해 볼까요? git log를 입력해 보세요.

```
$ git log
```

7. 로그에 R5를 revert한 새로운 커밋이 생겼습니다. 그리고 기존의 R5 역시 사라지지 않았죠. R5 버전을 지우는 대신 R5에서 변경한 내용만 취소하고, R5를 취소했다는 커밋을 새로 만든 것입니다. rev.txt 내용을 보면 R5 커밋에서 추가한 e가 취소된 것을 확인할 수 있습니다.

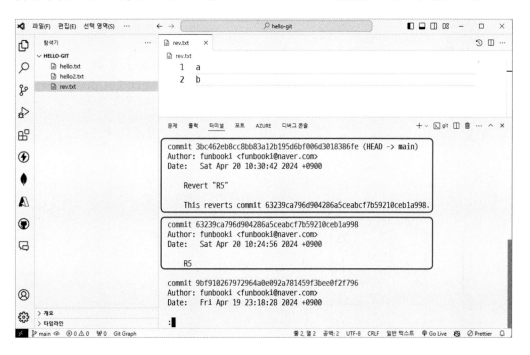

명령어 테스트 | 2장에서 꼭 기억해야 할 명령

이 장에서 배운 명령 가운데 꼭 기억해야 할 것을 모아 놓았습니다. 오랫동안 기억할 수 있도록 설명을 참고해서 명령을 완성해 보세요. 잘 기억나지 않는다면 해당하는 페이지로 돌아가 복습해 보세요.

1. **git i**＿＿＿＿＿ : 현재 위치에 지역 저장소를 만듭니다. → 39쪽

2. **git s**＿＿＿＿＿ : 깃 상태를 확인합니다. → 46쪽

3. **git a**＿＿＿＿＿ : ch01.txt 파일을 스테이지에 올립니다. → 47쪽

4. **git co**＿＿＿＿＿ : 스테이징한 파일을 커밋 메시지 'ch01'을 붙여 커밋합니다. → 49쪽

5. **git co**＿＿＿＿＿ : 메시지 'ch02'를 붙여서 스테이징과 커밋을 동시에 합니다. → 51쪽

6. **git l**＿＿＿＿＿ : 커밋 정보를 확인합니다. → 53쪽

7. **git d**＿＿＿＿＿ : 최근 버전과 작업 폴더의 수정 파일 사이의 차이를 보여줍니다. → 55쪽

8. **git r**＿＿＿＿＿ : 작업 트리에서 work.txt 수정 내용을 취소합니다. → 65쪽

9. **git r**＿＿＿＿＿ : work.txt의 스테이징을 취소합니다. → 66쪽

10. **git r**＿＿＿＿＿ : 가장 최근 커밋을 취소합니다. → 68쪽

11. **git r**＿＿＿＿＿ : 지정한 커밋 해시로 이동하고 이후 커밋은 취소합니다. → 71쪽

12. **git re**＿＿＿＿＿ : 지정한 커밋 해시의 변경 이력을 취소합니다. → 75쪽

3

깃과 브랜치

고객과 협의를 거쳐 웹 사이트를 개발하고 완성했는데 고객이 새로운 기능을 추가해 달라고 고객이 요구했다고 가정해 봅시다. 단순히 기존 파일에 새로운 기능을 추가할 코드를 입력해서 버전을 새로 만들면 될까요? 만약 새로운 기능을 추가했을 때 오류 없이 완벽하게 동작한다고 보장할 수 없다면 어떻게 해야 할까요? 제대로 동작하는 소스는 그대로 둔 채 소스 추가 버전을 따로 만들어 관리하고, 완벽하게 완성한 다음 원래 소스에 더할 수 있다면 아주 편리하겠지요? 이럴 때 사용하는 방법이 깃의 '브랜치(branch)'라는 기능입니다. 이제부터 깃에서 꼭 이해하고 넘어가야 할 브랜치를 살펴보겠습니다.

1 브랜치 알아보기

모든 버전 관리 시스템에는 '브랜치(branch)'라는 개념이 있습니다. 브랜치는 원래 나뭇가지라는 뜻이지요. 버전 관리 시스템에서는 나무가 가지에서 새 줄기를 뻗듯이 여러 갈래로 퍼지는 데이터 흐름을 가리키는 말로 사용합니다. 이제부터 브랜치가 정확히 무엇이고, 깃에서는 브랜치를 어떻게 만들고 사용하는지 알아보겠습니다.

브랜치가 필요한 이유

브랜치는 어떤 기능을 해서 나뭇가지를 뜻하는 이 용어를 그대로 사용할까요? 이해하기 쉽게 예를 들어 보겠습니다. 우리가 어떤 제품의 사용 설명서를 만든다고 상상해 볼까요? 사용 설명서의 버전 관리는 깃으로 하고요.

제품이 출시되기 전에는 다음 그림처럼 개발 순서에 따라 사용 설명서를 작성하면 됩니다. 하지만 제품이 출시되고 나면 문제가 생깁니다. 고객사마다 추가로 요구하는 내용이 달라질 수 있기 때문이지요. 이렇게 고객사의 요구 사항을 반영하다 보면 제품이 달라질 것이고, 그에 따라 사용 설명서도 달라져야 합니다. 고객사가 다음과 같이 세 곳라면 어떻게 해야 할까요?

먼저 떠오르는 해결책은 처음에 작업한 저장소(다음 그림에서 main) 전체를 여러 개 복사해서 고객사(다음 그림에서 apple, google, ms)마다 이름을 붙인 후 버전 관리를 따로 하는 방법입니다.

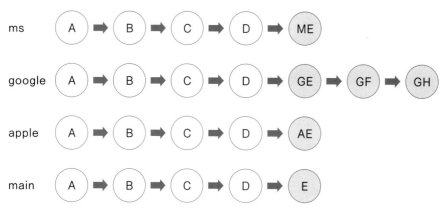

저장소마다 버전 관리를 따로 하는 방법

하지만 이 방법은 효율적이지 않습니다. 먼저 고객사마다 디렉터리를 복사하면 출시 전까지 만들었던 내용은 동일하기 때문에 자료가 중복됩니다. 또, 버전 관리 시스템의 장점은 파일 이름을 더럽히지 않는 것인데, 이 방법은 고객사마다 디렉터리 이름을 다르게 사용해야 한다는 불편함이 있습니다.

마지막으로 한 가지 중요한 문제가 더 있습니다. 다음 그림을 살펴보겠습니다. google에서 작업을 마쳤는데 나중에 apple에서도 필요한 내용이라고 가정해 보겠습니다. 그러면 어떻게 해야 할까요? 단순하게 google에 있는 최신 상태의 코드를 복사해서 apple 디렉터리에 붙여 넣은 다음, apple 디렉터리에서 새로운 버전을 커밋하면 될까요?

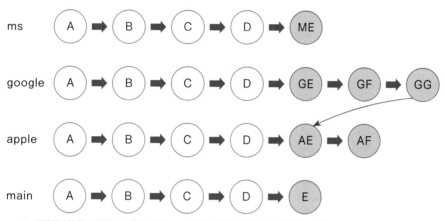

google 디렉터리의 최신 버전 코드를 복사해 apple 디렉터리에 붙여 넣고 커밋하는 과정

이러면 문제가 생길 수 있습니다. GG 버전에서 필요한 코드만 복사해서 붙여 넣으려 해도 GE와 GF 버전의 내용이 AE 버전에는 반영되어 있지 않으므로 오류가 날 수 있습니다. 그렇다고 GG 버전의 코드 전체를 그대로 덮어 버리면 apple의 D 버전에서 AE 버전을 만들면서 수정한 내용이 의도치 않게 바뀌거나 사라질 겁니다. 듣기만 해도 문제가 아주 복잡하지요? 이런 지옥에서 우리를 구원해 주는 도구가 바로 브랜치입니다.

브랜치는 개발 작업에서 더욱 유용한 기능입니다. 메인 코드는 main 브랜치에 그냥 둔 상태로 새로 추가하는 기능이나 코드 수정 사항은 새 브랜치로 만들어서 작업할 수 있습니다.

기능을 추가하거나 오류를 수정할 경우 처음부터 메인 코드에 작성한다고 생각해 보세요. 메인 코드를 여러 번 수정하다가 원래 코드마저 엉뚱하게 바뀔 수 있습니다. 그래서 이런 경우에는 기존 메인 코드에서 브랜치를 따로 만들어 기능을 추가하거나 오류를 수정한 후 그 브랜치 안에서 모든 것이 해결되면 그때 main 브랜치에 병합하는 방식을 사용합니다. 브랜치는 깃의 핵심 기능인 만큼 꼭 익혀 두세요.

브랜치 기능 살펴보기

깃으로 버전 관리를 시작하면 기본적으로 main 브랜치가 만들어집니다. 사용자가 커밋할 때마다 main 브랜치는 어떤 게 최신 커밋인지 정보가 들어 있습니다. 즉, 브랜치는 커밋을 가리키는 포인터와 비슷하다고 생각하면 됩니다.

생활코딩의 동영상에서는 master 브랜치를 사용하지만 main 브랜치라고 이해하면 됩니다.

새 브랜치를 만들면 어떻게 될까요? 기존 파일은 main 브랜치에 그대로 유지하면서, 새 브랜치에서 기존 파일 내용을 수정하거나 새로운 기능을 추가할 수 있습니다. 이렇게 main 브랜치에서 새 브랜치를 만드는 것을 **분기한다**(branch)라고 합니다.

다음 그림에서 c1, a1 등은 커밋을 가리킵니다.

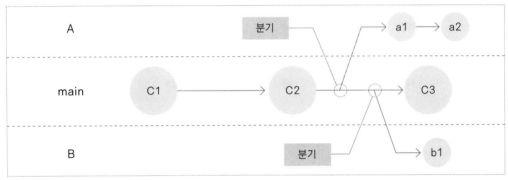

브랜치 분기 과정

새 브랜치에서 작업을 다 끝냈다면 새 브랜치에 있던 파일을 원래 main 브랜치에 합칠 수 있습니다. 이렇게 분기했던 브랜치를 main 브랜치에 합치는 것을 **병합한다**(merge)고 합니다. 즉, 기본 파일은 main 브랜치에 그대로 둔 상태에서 새로운 브랜치를 분기한 후 수정이나 추가 작업을 하고 별 문제없이 완성되었다면, 새 브랜치의 내용을 main 브랜치와 병합하는 것입니다.

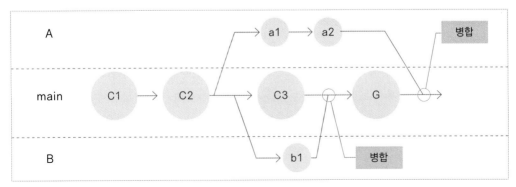

브랜치 병합 과정

② 브랜치 만들기 및 이동하기

앞에서 여러 고객사에게 버전이 다른 사용 설명서를 제공해야 할 때 발생하는 문제는 브랜치로 해결할 수 있다고 했지요? 이제부터 이 문제를 어떻게 해결하는지 여러 브랜치를 직접 만들면서 알아보겠습니다.

실습 상황 만들기

브랜치 분기가 필요한 상황을 만들어 보겠습니다. 먼저 디렉터리를 만들고 그 안에 텍스트 파일을 하나 만들겠습니다. 이 텍스트 파일을 앞에서 예로 들었던 사용 설명서라고 생각하세요.

1. 새로운 폴더에서 작업하기 위해 VS Code에서 [파일] → [폴더 닫기]를 선택해서 기존 작업 폴더를 닫습니다. 이어서 원하는 위치에 manuls라는 새 디렉터리를 만들고 VS Code로 드래그해서 작업 폴더로 추가합니다.

> 🐭 작성자를 신뢰할 수 있는지 묻는 창이 나타나면 [예, 작성자를 신뢰합니다.]를 클릭합니다.

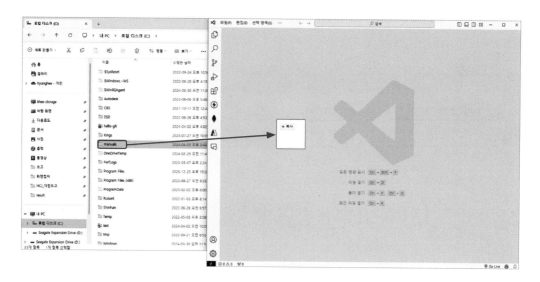

2. 방금 추가한 manuals에서 깃을 사용하려면 저장소로 바꿔야 합니다. 이를 **초기화**라고 하죠. VS Code에서 깃 배시 창을 열고 다음과 같이 입력합니다.

🙂 VS Code에서 깃 배시 창을 여는 법은 2-1절 '저장소를 비주얼 스튜디오 코드에 연결하기'를 참고하세요.

```
$ git init
```

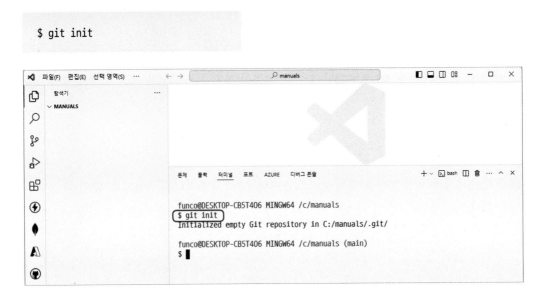

3. 탐색기 빈 공간을 마우스 오른쪽 버튼으로 클릭한 후 [새 파일]을 선택해서 새 파일을 만듭니다. 파일 이름은 work.txt라고 하겠습니다. work.txt에 'content 1'이라고 입력하고 저장합니다.

4. 이제 work.txt 파일을 스테이지에 올리고 커밋합니다. 커밋 메시지는 간단히 'work 1'이라고 하겠습니다.

```
$ git add work.txt
$ git commit -m "work 1"
```

5. 커밋이 완료되면 git log를 입력해서 커밋 내역을 확인해 보세요. 커밋 해시 오른쪽에 있는 (HEAD -> main)은 HEAD가 현재 main이라는 브랜치를 가리키고 있다는 뜻입니다. 그리고 (HEAD -> main)이 붙은 커밋이 가장 최신 커밋입니다. 현재는 work 1이라는 커밋이 최신 커밋이라고 알려 주고 있네요.

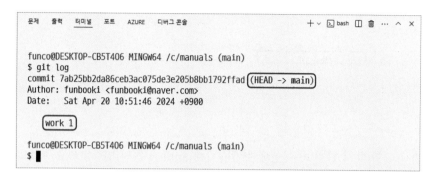

6. work.txt 파일을 두 번 더 커밋해 보겠습니다. work.txt 파일에 'content 2'를 추가한 후 저장하고 'work 2'라는 메시지와 함께 커밋합니다.

👀 work.txt는 한 번 커밋되었으므로 두 번째부터는 commit -am을 사용해 스테이징과 커밋을 한꺼번에 처리할 수 있습니다.

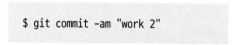

```
$ git commit -am "work 2"
```

7. 다시 한번 work.txt 파일에 'content 3'을 추가한 후 'work 3'이라는 메시지와 함께 커밋합니다. 자, 여기까지 초기 사용 설명서를 만들고 커밋까지 마쳤습니다.

```
$ git commit -am "work 3"
```

8. 마지막으로 커밋 로그를 다시 한번 더 확인해 보겠습니다. git log를 입력해 보세요. 3개의 커밋이 만들어졌고, 가장 최신 커밋인 work 3에 (HEAD -> main)가 표시되어 있습니다.

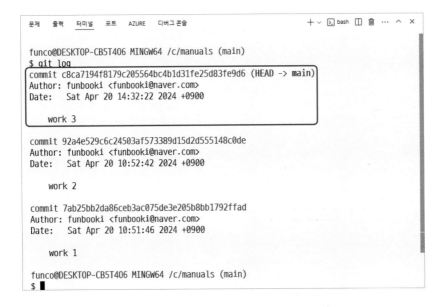

새 브랜치 만들기

초기 설명서를 완성했는데 여러 고객사에게 서로 다른 사용 설명서를 제공해야 하는 상황이 발생했다고 가정해 보겠습니다. 브랜치를 사용하지 않는다면 고객사마다 디렉터리를 따로 만들고 manual 디렉터리를 복사해서 사용해야겠지요. 곧, 여러 문제가 발생할 것이고요. 그러나 브랜치를 사용한다면 간단하게 처리할 수 있습니다.

여기에서는 apple, google, ms라는 고객사가 있다고 가정하겠습니다.

1. 깃에서 브랜치를 만들거나 확인하는 명령은 git branch입니다. 다음과 같이 입력해 보세요.

```
$ git branch
```

2. main이라고 나타나죠? 저장소를 만들면 main 브랜치가 기본으로 생성되고, 우리는 그동안 main 브랜치에서 작업하고 있었던 것이지요.

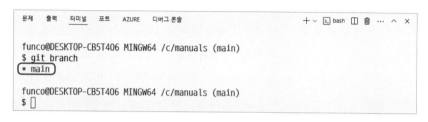

```
funco@DESKTOP-CB5T406 MINGW64 /c/manuals (main)
$ git branch
* main

funco@DESKTOP-CB5T406 MINGW64 /c/manuals (main)
$
```

3. 새로운 브랜치를 만들려면 git branch 명령 다음에 만들려는 브랜치 이름을 적습니다. 고객사인 apple의 브랜치를 만들기 위해 다음과 같이 입력하세요.

```
$ git branch apple
```

4. apple 브랜치를 만들었는데 화면에는 아무것도 나타나지 않네요. apple 브랜치가 제대로 만들어졌을까요? 현재 저장소의 브랜치를 확인하기 위해 다음과 같이 입력해 보세요.

> git branch 명령은 브랜치를 만들거나 확인할 때 둘 다 사용합니다.

```
$ git branch
```

5. main 브랜치 위에 apple 브랜치가 추가된 것을 확인할 수 있습니다. main 앞에 * 가 표시된 것은 여러 브랜치 가운데 현재 작업하는 브랜치를 나타냅니다. 아직 우리는 main 브랜치에서 작업하고 있다는 뜻입니다.

> 터미널 창에 나타나는 디렉터리 경로 맨 끝에 있는 (main) 표시도 현재 브랜치가 main이라는 뜻입니다.

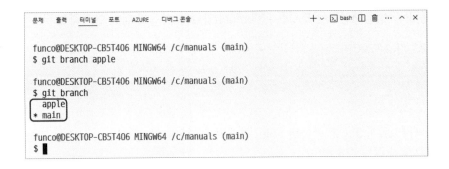

6. 브랜치가 추가된 후에는 커밋 로그 화면도 다르게 나타납니다. git log 명령을 사용해 커밋 로그를 확인해 보세요. 그동안 커밋 로그를 확인할 때 (HEAD -> main)라고 표시되던 곳에 apple 브랜치가 추가되면서 (HEAD -> main, apple)로 바뀌어 있습니다. 저장소에 main과 apple이라는 2개의 브랜치가 있고, HEAD -> main이므로 현재 작업하는 브랜치는 main 브랜치라는 의미입니다.

> 👀 HEAD는 작업 중인 브랜치를 가리키는 포인터라고 생각하면 쉽습니다.

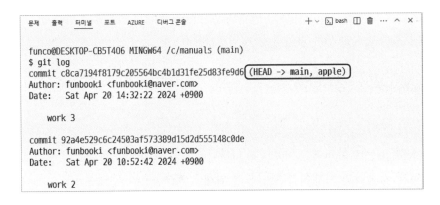

7. 앞에서 소개한 방법으로 google 브랜치와 ms 브랜치를 만들어 보세요. 그리고 git branch 명령으로 저장소 안에 있는 모든 브랜치를 확인해 보세요.

```
$ git branch google
$ git branch ms
$ git branch
```

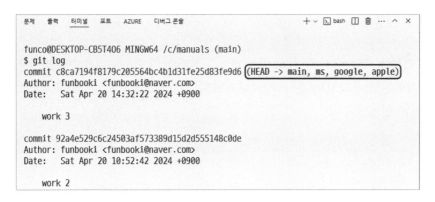

```
문제  출력  터미널  포트  AZURE  디버그 콘솔                          + ∨  >_ bash  ⬚ 🗑 ⋯ ∧ ✕

funco@DESKTOP-CB5T406 MINGW64 /c/manuals (main)
$ git branch google

funco@DESKTOP-CB5T406 MINGW64 /c/manuals (main)
$ git branch ms

funco@DESKTOP-CB5T406 MINGW64 /c/manuals (main)
$ git branch
  apple
  google
* main
  ms

funco@DESKTOP-CB5T406 MINGW64 /c/manuals (main)
$ █
```

새 커밋을 추가하면 어떻게 될까?

main 외에 3개의 브랜치를 추가했고, 현재 최신 커밋은 work 3입니다. 이 상태에서 새로운 커밋을 추가하면 어떻게 되는지 살펴보겠습니다.

1. git log로 확인해 보면 work 3 커밋 해시의 오른쪽에 main 브랜치를 비롯해 ms, google, apple 브랜치가 함께 표시되어 있습니다. 즉, 이것은 main 브랜치뿐만 아니라 ms와 google, apple 브랜치에도 최신 커밋이 work 3이라는 뜻입니다.

```
문제  출력  터미널  포트  AZURE  디버그 콘솔                          + ∨  >_ bash  ⬚ 🗑 ⋯ ∧ ✕

funco@DESKTOP-CB5T406 MINGW64 /c/manuals (main)
$ git log
commit c8ca7194f8179c205564bc4b1d31fe25d83fe9d6 (HEAD -> main, ms, google, apple)
Author: funbooki <funbooki@naver.com>
Date:   Sat Apr 20 14:32:22 2024 +0900

    work 3

commit 92a4e529c6c24503af573389d15d2d555148c0de
Author: funbooki <funbooki@naver.com>
Date:   Sat Apr 20 10:52:42 2024 +0900

    work 2
```

2. 현재 우리는 main 브랜치에 있다는 점 기억하고 있죠? 커밋을 하나 만들어서 어떻게 달라지는지 확인해 보겠습니다. work.txt 파일 안에 'main content 4'라는 내용을 추가한 후 'main work 4'라는 메시지와 함께 커밋해 보겠습니다.

```
$ git commit -am "main work 4"
```

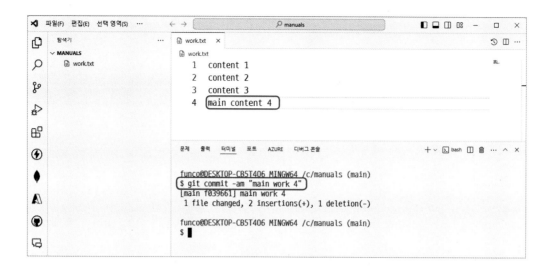

3. main 브랜치에 새로운 커밋이 추가되었는데 로그가 어떻게 바뀌었을까요? git log 명령에 --oneline 옵션을 추가해서 확인해 보겠습니다. --oneline 옵션은 한 줄에 한 커밋씩 보여 주기 때문에 여러 커밋을 한눈에 확인할 때 편리합니다.

```
$ git log --oneline
```

4. 최신 커밋인 main work 4는 main 브랜치에만 적용되어 있고 apple과 google, ms 브랜치는 아직 work 3 커밋 상태입니다. 즉, 새로 만든 커밋은 현재 브랜치(main 브랜치)에만 적용되고 나머지 브랜치에는 적용되지 않습니다. 브랜치별로 커밋을 따로 관리할 수 있겠죠?

👀 커밋을 한 줄로 표시할 경우 커밋 해시가 7자리만 보이죠? 커밋 해시는 너무 길어서 앞의 7자리로 커밋을 구별할 수 있습니다.

```
문제  출력  터미널  포트  AZURE  디버그 콘솔            + ∨  >_ bash  □  🗑  …  ∧  ✕

                              현재 브랜치는 main
funco@DESKTOP-CB5T406 MINGW64 /c/manuals (main)
$ git log --oneline
f039661 (HEAD -> main) main work 4  ◄── main 브랜치의 최신 커밋
c8ca719 (ms, google, apple) work 3  ◄──
92a4e52 work 2                            ms, google, apple 브랜치의 최신 커밋
7ab25bb work 1

funco@DESKTOP-CB5T406 MINGW64 /c/manuals (main)
$ ▮
```

브랜치 전환하기 — git switch

브랜치가 여러 개라면 브랜치마다 서로 다른 커밋을 만들 수 있습니다. 그렇다면 브랜치마다 오가면서 작업할 수 있어야겠지요? 현재 브랜치에서 다른 브랜치로 이동하는 것을 **브랜치를 전환하다**라 하고 git switch 명령을 사용합니다. 깃 이전 버전에서는 브랜치 간에 이동할 때 checkout 명령을 사용했기 때문에 브랜치를 바꾸는 것을 '체크아웃한다'라고도 말합니다. 그래서 브랜치를 전환하는 것과 브랜치를 체크아웃한다는 것은 같은 말입니다.

1. 현재 브랜치에서 다른 브랜치로 전환하려면 git switch 명령 다음에 전환할 브랜치 이름을 사용합니다. 다음과 같이 입력해서 apple 브랜치로 전환하세요.

```
$ git switch apple
```

2. $ 커서 바로 위에 나타난 파일 경로 끝에 (apple)이라고 표시될 것입니다. 현재 apple 브랜치에서 작업하고 있다는 뜻입니다.

```
문제   출력   터미널   포트   AZURE   디버그 콘솔                    + ∨  ⏵ bash  ▯▯  🗑  …  ∧  ✕

funco@DESKTOP-CB5T406 MINGW64 /c/manuals (main)
$ git switch apple
Switched to branch 'apple'

funco@DESKTOP-CB5T406 MINGW64 /c/manuals (apple)
$ ▮
```

3. 작업 브랜치를 apple 브랜치로 바꿨을 때 어떤 변화가 생기는지 확인해 보겠습니다. git log 명령을 사용해서 현재 브랜치의 커밋 로그를 확인합니다.

```
$ git log --oneline
```

4. apple 브랜치를 만들기 전까지 main 브랜치에 있던 커밋들은 그대로 apple 브랜치에도 적용되었죠? 그래서 work 3 커밋까지 표시됩니다. 커밋 해시에서 HEAD가 apple을 가리키는 것도 확인할 수 있습니다.

👓 (HEAD -> apple, ms, google)이 표시된 work 3 커밋은 apple 브랜치와 ms 브랜치, google 브랜치의 최신 커밋입니다.

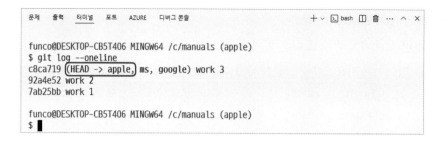

5. 편집 창에서 work.txt를 확인했을 때 content 1부터 content 3까지 3개의 행만 보일 것입니다. main content 4는 apple 브랜치를 분기한 후에 main 브랜치에 추가된 커밋이어서 apple 브랜치에 영향을 미치지 않았다는 것을 알 수 있습니다.

checkout과 restore, switch

깃은 오랫동안 checkout이라는 명령을 사용해 왔습니다. 작업 트리에서 수정한 내용을 취소할 때, 스테이지에 올린 것을 취소할 때, 브랜치를 전환할 때 등 checkout 명령 하나로 여러 가지 기능을 했죠. 그러다 보니 명령을 사용할 때마다 옵션을 잘 선택해야 하고, 혼란스럽기까지 했습니다. 그래서 기존에 checkout 명령에서 하던 기능을 restore와 switch로 나누었습니다. 수정 사항이나 스테이징을 취소할 때는 restore를 사용하고, 브랜치를 전환할 때는 switch를 사용하면 됩니다. 하지만 아직 checkout 명령도 함께 사용할 수 있습니다.

- **restore**: 수정 사항이나 스테이징을 취소할 때
- **switch**: 브랜치를 전환할 때

좀 더 자세한 설명은 깃의 공식 문서인 https://git-scm.com/docs를 참고하세요.

❸ 브랜치에서 커밋하기

브랜치를 전환하면 브랜치마다 서로 다른 커밋을 처리할 수 있습니다. 이렇게 브랜치마다 만들어진 커밋이 서로 어떤 관계가 있는지 확인하는 방법과 브랜치 간의 차이점을 확인하는 방법을 알아보겠습니다.

전환한 브랜치에서 커밋하기

앞의 내용에서 apple 브랜치로 전환했으므로, 이제 apple 브랜치에서 새로운 커밋을 만들 수 있습니다.

> 🐝 아직 apple 브랜치로 전환하지 않았다면 91쪽의 '브랜치 전환하기 — git switch'를 참고해서 apple 브랜치로 전환한 뒤 따라 하세요.

1. apple 브랜치에는 브랜치를 분기할 때 가져온 work.txt 파일이 있습니다. work.txt 파일에 'apple content 4'라는 텍스트를 추가하고 저장합니다.

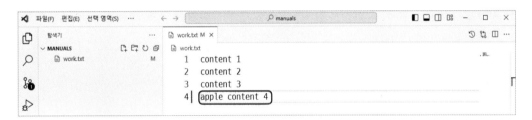

2. work.txt 외에도 apple 고객사만을 위한 내용이 담긴 파일도 필요하겠지요? apple.txt라는 새로운 파일을 만들겠습니다. apple.txt 문서를 만들고 여기에도 똑같이 'apple content 4'를 입력하고 저장합니다.

> 🐝 apple.txt 파일 이름 옆에 표시된 U는 'untracked'의 줄임말로 '추적되지 않은 상태'를 뜻합니다.

3. 수정한 work.txt 파일과 새로 만든 apple.txt 파일을 각각 커밋할 수도 있지만, 여기에서는 2개를 묶어서 한꺼번에 커밋하려고 합니다. 이럴 때 git add 명령 뒤에 한 칸 띈 후 마침표(.)를 붙이면 현재 저장소에서 수정 내용이 있는 파일을 스테이지에 한꺼번에 올릴 수 있습니다. 다음 명령을 실행하세요. 그리고 'apple work 4'라는 메시지와 함께 커밋합니다.

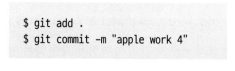

```
$ git add .
$ git commit -m "apple work 4"
```

```
문제   출력   터미널   포트   AZURE   디버그 콘솔              + ∨  >_ bash  ⊡  🗑  ⋯  ∧  ✕

funco@DESKTOP-CB5T406 MINGW64 /c/manuals (apple)
$ git add .

funco@DESKTOP-CB5T406 MINGW64 /c/manuals (apple)
$ git commit -m "apple work 4"
[apple d8c8f4b] apple work 4
 2 files changed, 3 insertions(+), 1 deletion(-)
 create mode 100644 apple.txt

funco@DESKTOP-CB5T406 MINGW64 /c/manuals (apple)
$ ▉
```

4. git log 명령을 사용해 커밋이 어떻게 저장되었는지 확인해 보세요.

```
$ git log --oneline
```

5. 첫 번째 줄에 (HEAD -> apple)이라고 되어 있으니 현재 apple 브랜치로 전환한 상태이고, apple 브랜치의 최신 커밋이 apple work 4라는 걸 알 수 있습니다.

🐟💬 최신 커밋은 해시가 d8c8f4b인 커밋이라고 표현해야 정확하지만, 읽기도 구별하기도 어려워서 이 책에서는 커밋 메시지를 사용해 apple work 4 커밋이라고 하겠습니다.

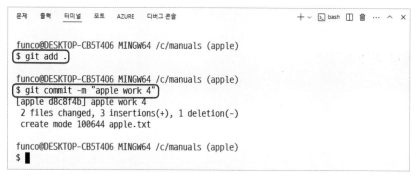

```
문제   출력   터미널   포트   AZURE   디버그 콘솔              + ∨  >_ bash  ⊡  🗑  ⋯  ∧  ✕

funco@DESKTOP-CB5T406 MINGW64 /c/manuals (apple)
$ git log --oneline
d8c8f4b (HEAD -> apple) apple work 4
c8ca719 (ms, google) work 3
92a4e52 work 2
7ab25bb work 1

funco@DESKTOP-CB5T406 MINGW64 /c/manuals (apple)
$ ▉
```

브랜치와 커밋의 관계 알아보기

apple 브랜치로 전환한 후 커밋도 추가했습니다. 이 상태에서 브랜치와 커밋은 어떻게 연결되어 있는지 확인해 보겠습니다.

1. git log 명령을 사용할 때 --branches 옵션을 추가하면 브랜치마다 최신 커밋을 한눈에 살펴볼 수 있습니다.

```
$ git log --oneline --branches
```

2. 결과 화면을 보면 커밋 해시마다 오른쪽에 (HEAD -> apple), (main), (ms, google)이라고 표시되어 있습니다. 이 부분을 보면 해당 커밋이 어떤 브랜치에서 만들었는지 구별할 수 있습니다.

(HEAD -> apple)이라고 되어 있으니 현재 브랜치는 apple이고, 최신 커밋은 apple work 4입니다. main 브랜치의 최신 커밋은 main work 4이고, ms 브랜치와 google 브랜치의 최신 커밋은 work 3입니다.

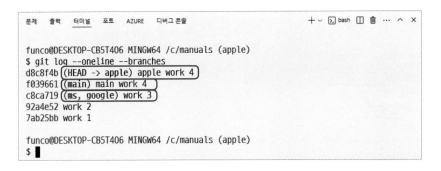

3. 브랜치와 커밋의 관계를 좀 더 보기 쉽게 그래프 형태로 표시해 볼까요? git log 명령에 --graph 옵션을 추가하면 됩니다.

👀 VS Code의 Git Graph 확장을 사용하면 브랜치 로그를 그래픽 형태로 확인할 수 있습니다.

```
$ git log --oneline --branches --graph
```

4. 커밋 내역 왼쪽에 수직 점선(┆)이 보이나요? 이 점선이 커밋과 커밋의 관계를 보여 줍니다. 그래프를 살펴보면 apple 브랜치의 최신 커밋은 apple work 4인데, 점선을 따라 apple work 4 커밋의 부모를 찾아가 보면 work 3 커밋을 만나게 됩니다. 즉, apple 브랜치에서는 work 3 커밋 다음에 apple work4 커밋이 만들어졌다는 뜻입니다.

```
문제  출력  터미널  포트  AZURE  디버그 콘솔                    + ∨  ⟩_ bash  ⊟  🗑  ⋯  ∧  ✕

funco@DESKTOP-CB5T406 MINGW64 /c/manuals (apple)
$ git log --oneline --branches --graph
* d8c8f4b (HEAD -> apple) apple work 4
| * f039661 (main) main work 4
| |
| |
* c8ca719 (ms, google) work 3
* 92a4e52 work 2
* 7ab25bb work 1

funco@DESKTOP-CB5T406 MINGW64 /c/manuals (apple)
$ ▯
```

5. main 브랜치도 살펴볼까요? main 브랜치의 최신 커밋은 main work 4입니다. 그리고 대각선을 따라가 부모 커밋을 찾아보면 work 3 커밋이 있습니다. apple 브랜치와 main 브랜치의 커밋이 같은 부모 커밋을 가지고 있군요. 즉, main 브랜치나 apple 브랜치는 work 3 커밋까지는 같고 그 이후부터 브랜치마다 다른 커밋을 만들었다는 사실을 알 수 있습니다.

```
문제  출력  터미널  포트  AZURE  디버그 콘솔                    + ∨  ⟩_ bash  ⊟  🗑  ⋯  ∧  ✕

funco@DESKTOP-CB5T406 MINGW64 /c/manuals (apple)
$ git log --oneline --branches --graph
* d8c8f4b (HEAD -> apple) apple work 4
| * f039661 (main) main work 4
| /
| /
* c8ca719 (ms, google) work 3
* 92a4e52 work 2
* 7ab25bb work 1

funco@DESKTOP-CB5T406 MINGW64 /c/manuals (apple)
$ ▯
```

브랜치 간의 차이점 살펴보기

브랜치마다 커밋이 점점 쌓여 갈수록 브랜치 사이에 어떤 차이가 있는지 일일이 확인하기 어려워집니다. 이럴 때는 git log 명령에서 브랜치 이름 사이에 마침표 2개(..)를 넣는 명령으로 브랜치 간의 차이를 쉽게 확인할 수 있습니다. 브랜치 이름과 마침표 사이는 공백 없이 입력하며, 마침표 왼쪽에 있는 브랜치를 기준으로 오른쪽 브랜치와 비교합니다. 예를 들어 main 브랜치와 apple 브랜치의 차이점이 무엇인지 확인하려면 다음과 같이 입력합니다.

```
$ git log main..apple
```

이렇게 하면 main 브랜치에는 없고 apple 브랜치에만 있는 커밋을 보여 줍니다. 여기에서는
apple work 4 커밋을 보여 주겠죠?

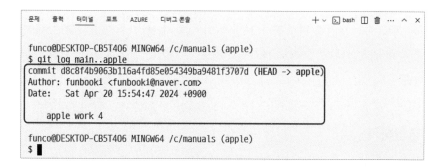

반대로 apple 브랜치를 기준으로 main 브랜치와 비교하면, apple 브랜치에는 없고 main 브
랜치에만 있는 main work 4 커밋을 보여 줍니다.

```
$ git log apple..main
```

④ 브랜치 병합하기

브랜치마다 각각 커밋할 수 있더라도 어느 시점에서는 브랜치 작업을 마무리하고 기존 브랜치와 합쳐야 합니다. 이렇게 브랜치를 병합하다 보면 여러 상황이 생길 수 있으므로 그에 맞게 병합하는 방법을 알아보겠습니다. 그리고 병합하면서 브랜치끼리 충돌할 때 해결하는 방법도 함께 살펴봅니다.

서로 다른 파일 병합하기

브랜치 간에 서로 다른 파일을 가지고 있을 때 브랜치를 병합하는 방법을 알아보겠습니다. 브랜치 병합은 처음에 공부하기 까다롭기 때문에 새로운 저장소를 만들어서 필요한 브랜치와 커밋만 사용해 연습해 보겠습니다.

1. VS Code에서 [파일] → [폴더 닫기]를 선택해서 사용 중인 작업 폴더를 닫습니다. 윈도우 탐색기에 manual-2라는 새로운 디렉터리를 만들고 VS Code에 작업 폴더로 추가합니다.

> 🐝 탐색기에서 manual-2 폴더를 클릭한 후 VS Code 화면 위로 드래그하면 작업 폴더로 추가할 수 있습니다.

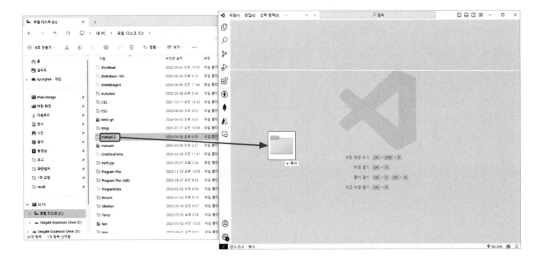

2. VS Code에서 터미널 창을 열고 현재 작업 폴더를 깃 저장소로 만듭니다.

```
$ git init
```

3. VS Code 탐색 창에서 work.txt 파일을 만든 후 '1'을 입력하고 저장합니다. 파일을 스테이지에 올린 후 'work 1'이라는 메시지와 함께 커밋합니다.

지금까지 설명한 내용을 그림으로 나타내면 다음과 같습니다. 여기에서 HEAD는 체크아웃한(전환한) 브랜치와 해당 브랜치의 최신 커밋을 가리키는 포인터 역할을 합니다. 즉, 현재 브랜치는 main이고, 최신 커밋인 work 1을 가리킵니다. HEAD는 현재 작업 중인 상태를 추적하는 중요한 역할을 하므로 지금 어느 지점에 있는지 이해할 때 큰 도움을 줍니다.

4. 'o2'라는 브랜치를 만들어 보겠습니다. 이제 main 브랜치와 o2 브랜치 모두 work 1이라는 최신 커밋을 가지고 있습니다.

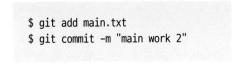

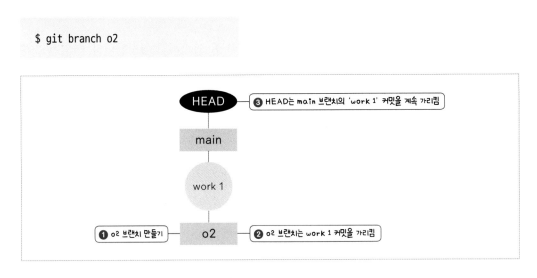

5. main 브랜치에 main.txt라는 파일을 하나 더 만들겠습니다. main.txt 파일을 생성하고 'main 2'라고 입력한 후 저장합니다. 그리고 'main work 2'라는 메시지와 함께 커밋하세요.

```
$ git add main.txt
$ git commit -m "main work 2"
```

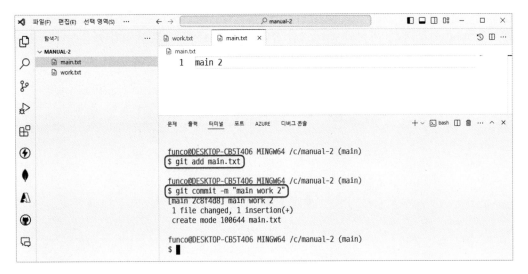

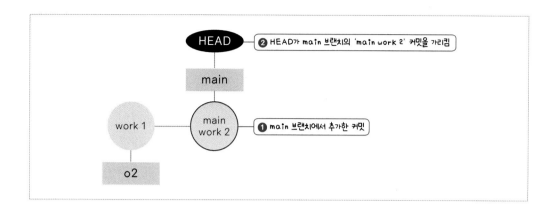

6. 지금까지 main 브랜치에서 work 1 커밋과 main work 2 커밋을 만들었습니다. 이제 o2 브랜치로 전환해 보겠습니다.

🐢 main.txt 파일이 열려 있는 상태에서 o2 브랜치로 전환하면 탭에 있는 main.txt 파일명에 취소선이 그려집니다. o2 브랜치에 없는 파일이기 때문이죠. main.txt 탭은 그냥 닫으면 됩니다.

```
$ git switch o2
```

7. o2 브랜치에서 o2.txt라는 파일을 만들고 '2'라는 내용을 입력한 후 저장합니다. 이어서 o2.txt 파일은 'o2 work 2'라는 메시지와 함께 커밋하세요.

```
$ git add o2.txt
$ git commit -m "o2 work 2"
```

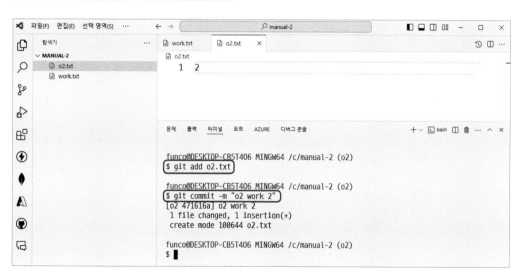

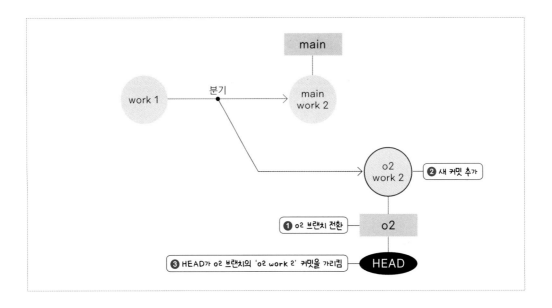

8. 현재 커밋의 상태를 확인해 볼까요? git log 명령을 사용하세요.

```
$ git log --oneline --branches --graph
```

work 1 커밋은 main 브랜치와 o2 브랜치가 똑같이 가지고 있습니다. 이어서 main 브랜치에는 main work 2 커밋이 생겼고 o2 브랜치에는 o2 work 2 커밋이 생겼습니다.

main 브랜치 입장에서 main work 1 → main work 2 순으로 커밋이 생겼고, o2 브랜치 입장에서 main work 1 → o2 work 2 순으로 커밋이 생겼습니다.

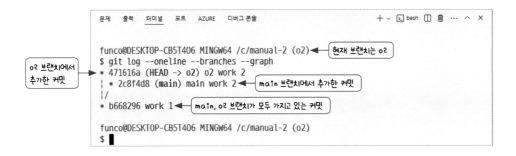

9. 이제 o2 브랜치에서 작업이 모두 끝났다고 가정해 봅시다. 그렇다면 o2 브랜치의 내용을 main 브랜치로 병합해야겠죠? 브랜치를 병합하려면 먼저 main 브랜치로 전환해야 합니다.

```
$ git switch main
```

10. 브랜치를 병합할 때는 git merge 명령 뒤에 가져올 브랜치 이름을 적습니다. main 브랜치를 기준으로 o2 브랜치를 가져와 병합하려면 다음과 같이 입력합니다.

```
$ git merge o2
```

11. 자동으로 편집 창이 열리면서 'Merge branch o2'라는 커밋 메시지가 나타납니다. 브랜치를 병합하면서 만들어진 커밋 메시지입니다. 커밋 메시지를 수정할 수도 있고 그대로 사용해도 됩니다. 커밋 메시지가 나타난 탭을 닫습니다.

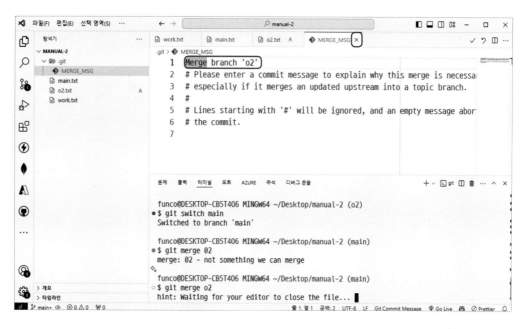

12. 커밋 메시지 탭을 닫으면 브랜치가 병합되었다는 커밋이 자동으로 만들어집니다.

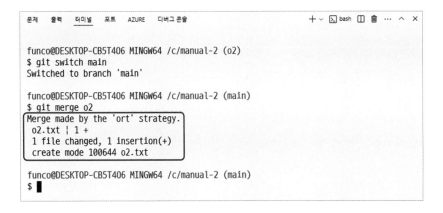

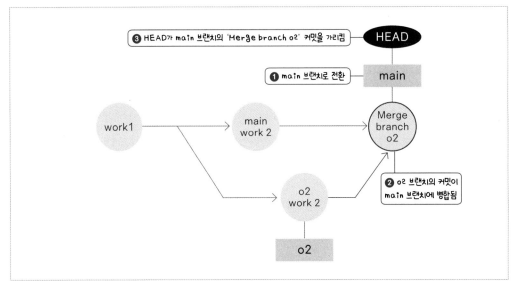

13. VS Code의 탐색 창을 보면 o2 브랜치에 있던 o2.txt 파일이 main 브랜치에 합쳐졌을 것입니다.

14. git log 명령으로 브랜치와 커밋이 어떻게 병합되었는지 확인할 수도 있습니다.

```
$ git log --oneline --branches --graph
```

o2 work 2 커밋이 main 브랜치에 병합되면서 'Merge branch o2'라는 커밋이 새로 생겼습니다. 이처럼 두 브랜치에서 서로 다른 파일을 병합하는 경우 이렇게 깃에서 간단히 해결할 수 있습니다.

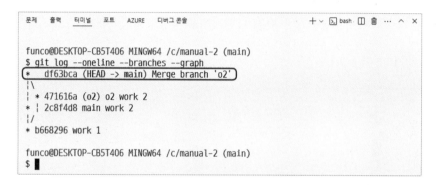

빨리 감기 병합이란?

main 브랜치에서 브랜치를 분기한 후에 아무 변화가 없다면(새로운 커밋을 만들지 않았다면) 분기한 브랜치를 병합하는 것은 간단합니다. 분기한 브랜치에서 만든 최신 커밋을 main 브랜치가 가리키게만 하면 되기 때문이지요. 이 경우에는 화면에 커밋 해시가 업데이트되었다는 내용과 함께 'Fast-forward'라는 메시지가 나타납니다. 이런 병합을 **빨리 감기 병합**(fast-forward merge)이라고 합니다. git merge 명령으로 단순히 포인터만 움직였기 때문에 커밋 메시지 창은 열리지 않습니다.

```
funco@DESKTOP-CB5T406 MINGW64 ~/manual-2 (main)
$ git merge o3
Updating 637a09d..1fea369
Fast-forward
 test.txt | 1 +
 1 file changed, 1 insertion(+)
 create mode 100644 test.txt

funco@DESKTOP-CB5T406 MINGW64 ~/manual-2 (main)
$
```

서로 다른 브랜치에서 한 문서의 다른 부분을 수정했을 때 병합하기

앞에서 살펴본 것처럼 2개의 브랜치에 서로 다른 문서가 있다면 브랜치를 병합하기 쉽습니다. 하지만 2개의 브랜치에서 같은 문서를 수정한다면 어떻게 병합할까요? 같은 문서의 다른 부분을 수정할 경우와 같은 문서에서 같은 부분을 수정했을 때의 병합 과정은 다릅니다. 우선 같은 문서에서 서로 다른 부분을 수정했을 때 병합하는 과정을 살펴보겠습니다.

1. VS Code에서 [파일] → [폴더 닫기]를 선택해서 사용 중인 작업 폴더를 닫습니다. 윈도우 탐색기에서 manual-3라는 새로운 디렉터리를 만들고 VS Code 화면 위로 드래그해서 작업 폴더로 추가합니다. 그리고 터미널창을 열어 현재 디렉터리를 저장소로 만듭니다.

```
$ git init
```

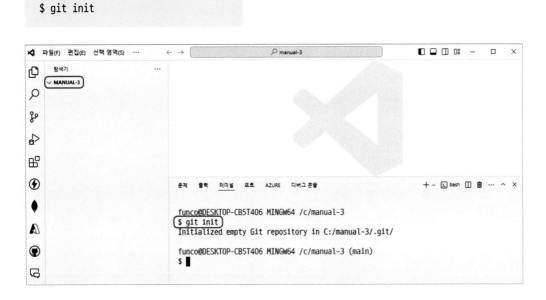

2. work.txt 파일을 만들고 다음과 같이 입력합니다. 나중에 work.txt 문서를 수정하고 병합할 것이므로 중간에 공백을 두 줄 두었습니다.

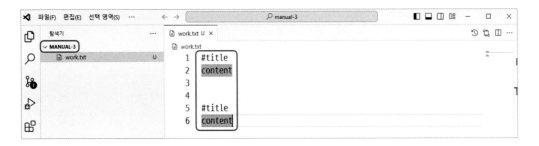

3. 방금 만든 work.txt를 스테이지에 올리고 커밋합니다. 커밋 메시지는 'work 1'이라고 하겠습니다.

```
$ git add work.txt
$ git commit -m "work 1"
```

4. 'o2'라는 새로운 브랜치를 만들어 보겠습니다. 이제 main 브랜치와 o2 브랜치에는 모두 work 1 커밋이 있게 됩니다.

```
$ git branch o2
```

5. 양쪽 브랜치 모두 work.txt가 있는 상태에서 우선 main 브랜치에서 문서를 수정해 보겠습니다. work.txt 문서에는 #title과 content가 각각 2개씩 있습니다. 그중에서 첫 번째 content 다음 줄에 'main content 2'라고 입력한 후 저장합니다. 수정한 work.txt를 커밋하세요. 커밋 메시지는 'main work 2'라고 하겠습니다.

```
$ git commit -am "main work 2"
```

6. 이제 o2 브랜치의 work.txt 파일도 수정해 보겠습니다. 먼저 o2 브랜치로 전환합니다.

```
$ git switch o2
```

이어서 work.txt 파일에서 두 번째 content 다음 줄에 'o2 content 2'라고 입력하고 저장합니다.

7. 수정한 work.txt 파일을 커밋해 보세요. 커밋 메시지는 'o2 work 2'라고 하겠습니다.

```
$ git commit -am "o2 work 2"
```

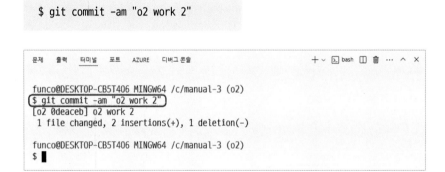

8. main 브랜치와 o2 브랜치 양쪽에서 work.txt 파일을 수정했지만 문서 안의 수정 위치는 다릅니다. 이 상태에서 병합해 보겠습니다. o2 브랜치를 main 브랜치에 합치기 위해 main 브랜치로 전환합니다.

```
$ git switch main
```

9. git merge 명령을 사용해 o2 브랜치를 main 브랜치로 끌어옵니다.

```
$ git merge o2
```

10. 커밋 메시지가 자동으로 나타날 것입니다. 메시지를 수정할 수도 있고 그대로 사용할 수도 있습니다. 원하는 메시지를 작성하고 저장한 후 커밋 메시지 탭을 닫습니다.

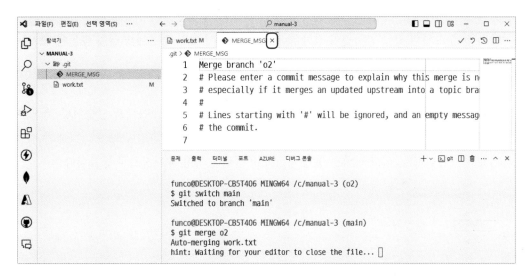

11. 터미널 창에는 Auto-merging work.txt로 시작하는 병합 완료 메시지가 나타납니다. o2 브랜치의 work.txt가 main 브랜치의 work.txt와 어떻게 병합되었을까요? main 브랜치의 work.txt를 보면 main 브랜치의 수정 내용과 o2 브랜치의 수정 내용이 자연스럽게 하나의 파일에 합쳐진 것을 볼 수 있습니다. 이렇게 깃에는 같은 문서로 서로 다른 위치를 수정했을 경우 자동으로 합쳐 주는 기능이 있어 더욱 강력한 도구가 됩니다.

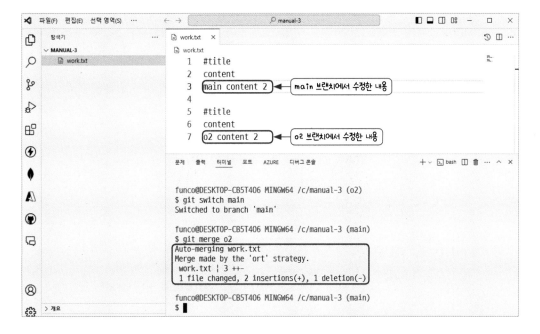

서로 다른 브랜치에서 한 문서의 같은 부분을 수정했을 때 병합하기

깃에서는 줄 단위로 변경 여부를 확인하므로 서로 다른 브랜치에서 같은 문서의 같은 줄을 수정했을 경우, 브랜치를 병합하면 브랜치 충돌(conflict)이 발생합니다. main 브랜치와 o2 브랜치에서 같은 파일의 같은 위치를 수정한 후 병합해 보면서 어떤 경우에 브랜치 충돌이 생기는지, 그리고 충돌을 어떻게 해결하는지 알아보겠습니다.

1. VS Code에서 [파일] → [폴더 닫기]를 선택해서 사용 중인 작업 폴더를 닫습니다. 윈도우 탐색기에서 manual-4라는 새로운 디렉터리를 만들고 VS Code 화면 위로 드래그해서 작업 폴더로 추가합니다. 그리고 터미널 창에서 git init 명령을 사용해 저장소로 만듭니다.

2. manual-4 폴더에 work.txt 파일을 만들고 다음과 같이 입력합니다. 2가지 내용 사이에 빈 줄을 하나만 두었습니다.

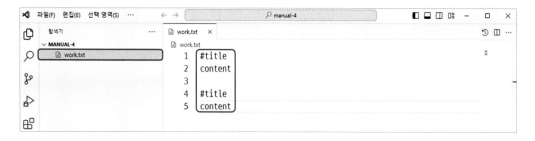

그리고 work.txt를 스테이지에 올리고 커밋합니다. 커밋 메시지는 'work 1'이라고 하겠습니다.

```
$ git add work.txt
$ git commit -m "work 1"
```

3. 이제 o2라는 브랜치를 만듭니다. o2 브랜치는 main 브랜치의 최신 커밋을 가져옵니다. 즉, 브랜치 양쪽에 work.txt가 있겠죠?

```
$ git branch o2
```

4. 현재 브랜치는 main입니다. 먼저 main 브랜치에서 work.txt를 수정하겠습니다. work.txt 문서에는 #title과 content가 각각 2개씩 있습니다. 첫 번째 content 다음 줄에 'main content 2'라고 입력한 후 저장합니다.

5. 수정한 work.txt를 커밋하세요. 커밋 메시지는 'main work 2'라고 하겠습니다.

```
$ git commit -am "main work 2"
```

6. 이제 o2 브랜치의 work.txt 파일도 수정해 보겠습니다. 먼저 o2 브랜치로 전환합니다.

```
$ git switch o2
```

7. main 브랜치에서 추가 내용을 입력한 위치와 같은 곳에 'o2 content 2'라고 입력하고 저장합니다.

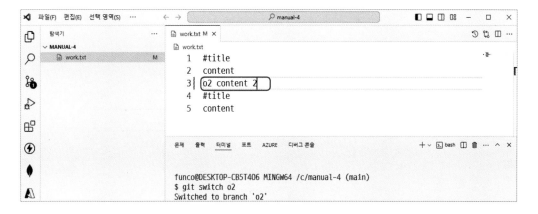

8. 수정한 work.txt 파일을 커밋해 보세요. 커밋 메시지는 'o2 work 2'라고 하겠습니다.

```
$ git commit -am "o2 work 2"
```

9. main 브랜치와 o2 브랜치 양쪽에서 work.txt 파일을 수정했는데 공교롭게도 문서 안의 수정 위치가 같습니다. 이럴 경우 어떻게 병합될까요? o2 브랜치를 main 브랜치에 병합하기 위해 먼저 main 브랜치로 전환한 후, git merge 명령을 사용해 o2 브랜치를 병합합니다.

```
$ git switch main
$ git merge o2
```

10. 터미널 창에 work.txt를 자동 병합하는 동안 충돌이 발생했다는 메시지가 나타납니다. 이 상태에서 work.txt 파일을 보면 '≪≪≪≪≪≪≪ HEAD'와 '========' 사이에는 현재 브랜치, 즉 main 브랜치에서 수정한 내용이고, '========'과 '≫≫≫≫≫≫≫ o2' 커밋 해시 사이는 o2 브랜치에서 수정한 내용입니다. 이 2가지 내용이 충돌한다는 뜻이죠. 이 문제는 사용자가 직접 해결해야 합니다. 화면 오른쪽 아래에 나타난 [병합 편집기에서 확인]을 클릭합니다.

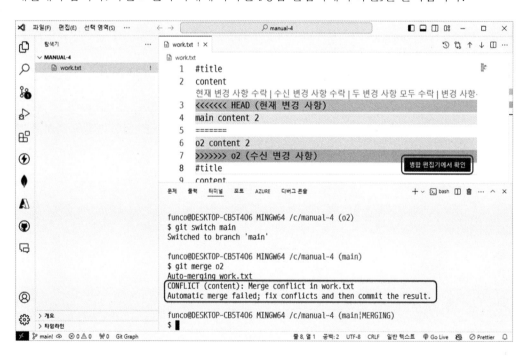

11. 화면이 3개로 분할되면서 o2 브랜치(수신)에서 수정한 내용, main 브랜치(현재)에서 수정한 내용이 나란히 나타나고, 아래쪽 화면에는 병합 결과가 나타납니다. 위에 있는 화면 2개를 보면서 아래 화면에서 충돌이 생기지 않도록 수정합니다.

[현재 수락]은 main 브랜치의 수정 내용을 적용한다는 뜻이고, [수신 수락]은 병합할 o2 브랜치의 수정 내용을 적용한다는 뜻입니다. [현재 수락]이나 [수신 수락]을 클릭하는 순서에 따라 수정 내용이 차례로 적용됩니다.

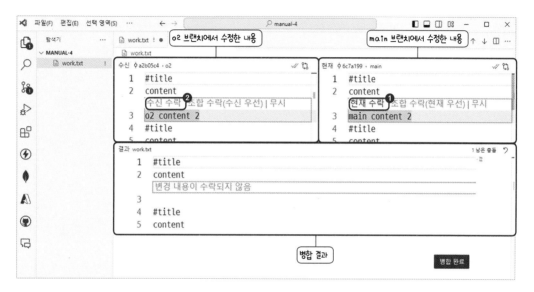

12. 충돌이 더 이상 생기지 않는다면 [병합 완료]를 클릭합니다. 여기에서는 2개의 수정 사항을 모두 반영했습니다.

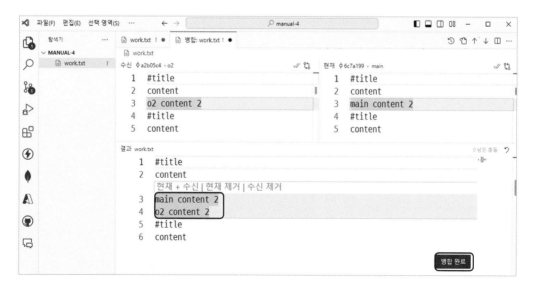

13. main 브랜치와 o2 브랜치의 수정 내용이 모두 반영되었습니다.

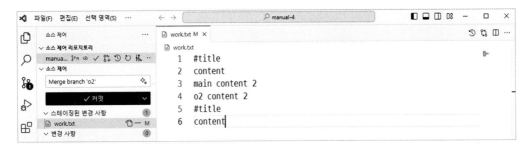

14. 이제 수정한 work.txt를 스테이지에 올리고 커밋하면 됩니다. 커밋 메시지는 merge o2 branch로 하겠습니다. 이렇게 해서 o2 브랜치에서 병합한 work.txt의 충돌을 해결하고 커밋을 끝냈습니다.

```
$ git commit -am "merge o2 branch"
```

15. git log 명령을 사용하면 지금까지 만든 브랜치와 커밋의 관계를 한눈에 확인할 수 있습니다.

```
$ git log --oneline --branches --graph
```

```
funco@DESKTOP-CB5T406 MINGW64 /c/manual-4 (main)
$ git log --oneline --branches --graph
*   95a0d36 (HEAD -> main) merge o2 branch
|\
| * a2b05c4 (o2) o2 work 2
* | 6c7a199 main work 2
|/
* bfba04a work 1

funco@DESKTOP-CB5T406 MINGW64 /c/manual-4 (main)
$
```

한 걸음 더!

병합 및 충돌 해결 프로그램

프로젝트의 규모가 클수록 브랜치가 많으므로 그에 따라 브랜치에서 병합할 파일도 많아지는 만큼 충돌도 많이 생기겠지요. 그래서 깃의 브랜치 병합을 자동으로 처리해 주고 충돌을 해결해 주는 프로그램이 많습니다. 병합 알고리즘에는 2 way merge와 3 way merge가 있는데, 2 way merge는 2개의 변경사항을 비교해서 병합하고, 3 way merge는 2개의 변경 사항을 공통 조상과 비교해서 병합하는 방법입니다. 3 way merge가 훨씬 효율적이므로 3 way merge를 지원하는 프로그램을 선택하는 것이 좋습니다. 다음은 자주 사용하는 병합 자동화 프로그램입니다.

프로그램	설명
P4Merge	무료이고 직관적이며 사용하기 편리하고 병합 기능이 뛰어납니다. 단축키를 지원하지 않는다는 단점이 있습니다. (https://www.perforce.com/ko/jepum/helix-core-apps/merge-diff-tool-p4merge)
meld	무료이며 오픈 소스입니다. 파일을 비교할 뿐만 아니라 직접 편집할 수도 있습니다. (http://meldmerge.org/)
Kdiff3	무료이며 사용하기 편리하고 병합 기능이 뛰어나지만 한글이 깨져 보일 수 있습니다. (http://kdiff3.sourceforge.net/)
Araxis Merge	유료이지만 용량이 큰 파일에서도 잘 동작합니다. (http://www.araxis.com/merge/index.en)

병합이 끝난 브랜치 삭제하기

브랜치를 병합한 후 더 이상 사용하지 않는 브랜치는 깃에서 삭제할 수 있습니다. 단, 이렇게 브랜치를 삭제하더라도 완전히 지워지는 것은 아니며 같은 이름의 브랜치를 만들면 예전 내용을 다시 볼 수 있습니다.

1. git branch 명령을 사용하면 현재 저장소에 어떤 브랜치가 있는지 확인할 수 있습니다. 앞의 브랜치 병합 실습을 따라왔다면 지금 위치는 manual-4 디렉터리일 것이고, 여기에는 main 브랜치와 o2 브랜치가 있을 것입니다. 현재 브랜치는 main이므로 main 브랜치 앞에 * 표시가 되어 있습니다.

👁 저장소의 기본 브랜치는 main이므로 브랜치를 삭제하려면 main 브랜치에서 해야 합니다. 현재 브랜치가 main 브랜치가 아니라면 main 브랜치로 전환하세요.

```
$ git branch
```

2. 브랜치를 삭제할 때는 git branch 명령에 -d 옵션을 추가한 후 그 뒤에 삭제할 브랜치 이름을 사용합니다. 다음과 같이 입력해서 o2 브랜치를 삭제합니다.

👁 -d 옵션에서 d는 'delete'의 줄임말입니다.

👁 main 브랜치에 병합하지 않은 브랜치를 삭제하려면 오류 메시지가 나타납니다. 이럴 경우 옵션 -d 대신 대문자 -D를 사용하면 병합하지 않은 브랜치도 강제로 삭제할 수 있습니다.

```
$ git branch -d o2
```

3. 다음처럼 Deleted branch o2라고 메시지가 나타나면 브랜치 삭제에 성공한 것입니다. 삭제한 브랜치는 같은 이름으로 다시 브랜치를 만들면 예전에 작업했던 내용이 그대로 나타납니다. 즉, 브랜치를 삭제한다는 것은 저장소에서 완전히 없애는 것이 아니라 깃의 흐름 속에서 감추는 것이라고 생각하면 됩니다.

👁 git branch 명령을 사용해도 o2 브랜치가 삭제된 것을 확인할 수 있습니다.

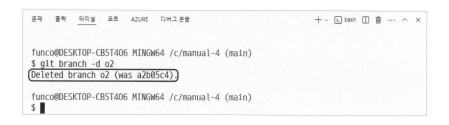

```
funco@DESKTOP-CB5T406 MINGW64 /c/manual-4 (main)
$ git branch -d o2
Deleted branch o2 (was a2b05c4).

funco@DESKTOP-CB5T406 MINGW64 /c/manual-4 (main)
$
```

cherry-pick으로 병합하기

앞에서 브랜치를 병합하는 과정을 살펴보았습니다. 그런데 깃에는 cherry-pick이라는 또 하나의 병합 방법이 있습니다.

🐨 chrry-pick으로 병합하기는 다음 영상을 참고하세요(https://opentutorials.org/module/4015).

예를 들어 브랜치 구조가 다음과 같은 저장소가 있다고 가정해 보겠습니다.

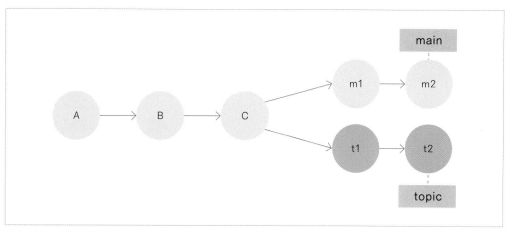

topic 브랜치가 만들어진 상태

이 상태에서 main 브랜치와 topic 브랜치를 병합하면 다음과 같은 상태가 되겠죠? 이때 브랜치 2개를 병합하는 새로운 버전 mt3가 생기는 것도 주의해 서 보세요. 병합하면서 새로운 버전이 추가됩니다.

🐨 여기에서 '버전'은 '커밋'이라고 생각하면 됩니다.

mt3 버전은 브랜치 2개를 합쳤기 때문에 main 브랜치와 topic 브랜치의 모든 변경 사항을 함께 포함합니다.

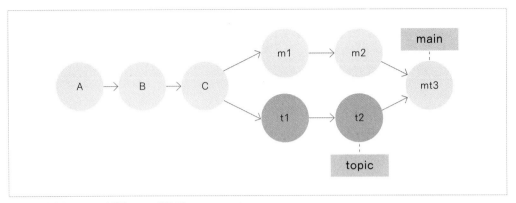

main 브랜치에 topic 브랜치를 merge했을 때

이에 비해 cherry-pick은 main 브랜치와 topic 브랜치를 합치지만 브랜치 전체가 아니라 topic 브랜치 중에서 특정 버전의 변경 내용만 합칠 때 사용하는 기능입니다. 예를 들어 topic 브랜치의 t1 버전에서 변경된 것만 main 브랜치에 합칠 수 있습니다. 이 경우에는 새로운 버전은 만들어지지 않고 main 브랜치에 t1 버전이 합쳐집니다. topic 브랜치에 있는 다른 버전들은 합쳐지지 않는다는 점을 기억하세요.

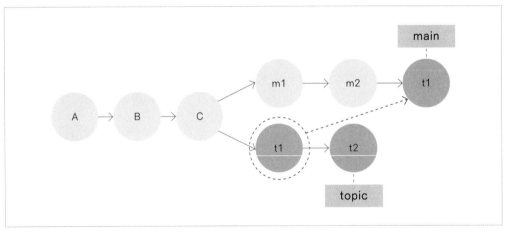

main 브랜치에 topic 브랜치의 t1 커밋을 cherry-pick 했을 때

cherry-pick으로 병합하면 어떻게 합쳐지는지 실습으로 확인해 보겠습니다.

1. VS Code에서 [파일] → [폴더 닫기]를 선택해서 사용 중인 작업 폴더를 닫습니다. 체리픽을 연습해 보기 위해 윈도우 탐색기에서 cherry-pick이라는 새로운 디렉터리를 만들고 VS Code 화면 위로 드래그해서 작업 폴더로 추가합니다. 터미널 창을 열고 git init 명령을 사용해서 CHERRY-PICK 디렉터리를 깃 저장소로 만듭니다.

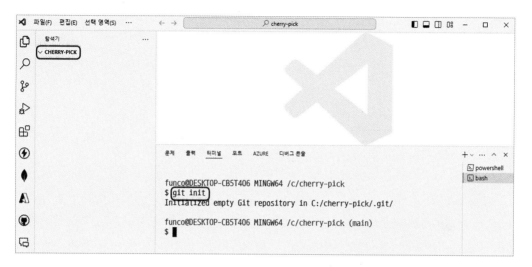

2. 여기에서는 파일 내용을 수정하는 것이 아니라 버전이 필요하기 때문에 빈 파일을 만들고 커밋하겠습니다. VS Code에서 init.txt 파일을 만든 후 내용 없이 저장합니다. 그리고 'init'이라는 메시지와 함께 커밋합니다. 터미널에서는 세미콜론(;)으로 구분해서 여러 명령을 한꺼번에 처리할 수 있습니다.

```
$ git add init.txt; git commit -m "init"
```

3. 이 상태에서 새로운 브랜치 topic을 만듭니다. 그리고 깃 로그를 확인해 보면 init이라는 버전이 main과 topic 브랜치 양쪽에 있습니다. 여기에서 --all 옵션은 최신 커밋뿐만 아니라 모든 커밋을 다 보여 줍니다.

```
$ git branch topic
$ git log --oneline --all --graph
```

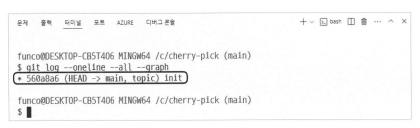

4. 이제 main 브랜치에 m1과 m2라는 버전 2개를 더 만들어 보겠습니다. 다음 명령에서 touch는 빈 파일을 만드는 명령어입니다. 그리고 git log로 확인해 보면 main 브랜치는 최신 버전 m2를 가리키고 있고, topic 브랜치에는 init 버전 상태인 것을 볼 수 있습니다.

```
$ touch m1; git add m1; git commit -m "m1"
$ touch m2; git add m2; git commit -m "m2"
$ git log --oneline --all --graph
```

```
문제   출력   터미널   포트   AZURE   디버그 콘솔                    + ∨  ⊡ bash  ⊡  🗑  …  ∧  ✕

funco@DESKTOP-CB5T406 MINGW64 /c/cherry-pick (main)
$ touch m1; git add m1; git commit -m "m1"
[main a641f91] m1
 1 file changed, 0 insertions(+), 0 deletions(-)
 create mode 100644 m1

funco@DESKTOP-CB5T406 MINGW64 /c/cherry-pick (main)
$ touch m2; git add m2; git commit -m "m2"
[main 6783979] m2
 1 file changed, 0 insertions(+), 0 deletions(-)
 create mode 100644 m2

funco@DESKTOP-CB5T406 MINGW64 /c/cherry-pick (main)
$ git log --oneline --all --graph
* 6783979 (HEAD -> main) m2
* a641f91 m1
* 560a8a6 (topic) init

funco@DESKTOP-CB5T406 MINGW64 /c/cherry-pick (main)
$
```

5. topic 브랜치로 전환한 후, 앞에서와 같은 방법으로 t1, t2, t3 버전을 만드세요.

```
$ git switch topic
$ touch t1; git add t1; git commit -m "t1"
$ touch t2; git add t2; git commit -m "t2"
$ touch t3; git add t3; git commit -m "t3"
```

6. 지금쯤이면 버전들이 어떤 상태일지 감이 잡히죠? 그래도 git log로 확인해 보겠습니다. main 브랜치는 init 버전부터 시작해서 m1, m2 버전으로 연결되어 있고, topic 브랜치는 init 버전부터 시작해서 t1, t2, t3 버전으로 연결됩니다.

```
$ git log --oneline --all --graph
```

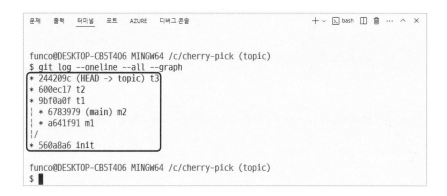

7. 현재 브랜치가 2개 있는데 topic 브랜치의 여러 버전 중 하나를 골라서(pick) main 브랜치에 적용하고 싶을 때 체리픽(cherry-pick)을 사용합니다. 여기에서는 topic 브랜치의 t2 버전을 main 브랜치에 병합해 보겠습니다.

우선 topic 브랜치에서 픽할 t2 커밋의 해시를 선택한 후 복사합니다.

8. 체리픽을 사용하기 위해 이제 main 브랜치로 전환해야 합니다. 그리고 cherry-pick 명령 뒤에 복사한 t2 커밋의 해시를 붙여 넣습니다.

```
$ git switch main
$ git cherry-pick 복사한-커밋-해시
```

```
funco@DESKTOP-CB5T406 MINGW64 /c/cherry-pick (topic)
$ git switch main
Switched to branch 'main'

funco@DESKTOP-CB5T406 MINGW64 /c/cherry-pick (main)
$ git cherry-pick 600ec17
[main 5e2cb6d] t2
 Date: Sat Apr 20 18:27:24 2024 +0900
 1 file changed, 0 insertions(+), 0 deletions(-)
 create mode 100644 t2

funco@DESKTOP-CB5T406 MINGW64 /c/cherry-pick (main)
$
```

9. ls 명령으로 main 브랜치에 어떤 파일이 있는지 살펴볼까요?

```
$ ls
```

기존에 main 브랜치에 있던 init.txt, m1, m2 다음에 t2가 합쳐진 것을 볼 수 있습니다.

```
funco@DESKTOP-CB5T406 MINGW64 /c/cherry-pick (main)
$ ls
init.txt  m1  m2  t2

funco@DESKTOP-CB5T406 MINGW64 /c/cherry-pick (main)
$
```

10. 그리고 깃 로그를 확인해 보면, topic 브랜치에 t2가 있고 main 브랜치에도 t2가 추가되어 있을 것입니다.

```
funco@DESKTOP-CB5T406 MINGW64 /c/cherry-pick (main)
$ git log --oneline --all --graph
* 5e2cb6d (HEAD -> main) t2
* 6783979 m2
* a641f91 m1
| * 244209c (topic) t3
| * 600ec17 t2
| * 9bf0a0f t1
|/
* 560a8a6 init

funco@DESKTOP-CB5T406 MINGW64 /c/cherry-pick (main)
$
```

3장에서 꼭 기억해야 할 명령

이 장에서 배운 명령 가운데 꼭 기억해야 할 것을 모아 놓았습니다. 오랫동안 기억할 수 있도록 설명을 참고해서 명령을 완성해 보세요. 잘 기억나지 않는다면 해당하는 페이지로 돌아가 복습해 보세요.

1. **git b**＿＿＿＿＿＿＿＿ : 새로운 브랜치 fixed를 만듭니다. → 87쪽

2. **git l**＿＿＿＿＿＿＿＿ : 커밋 로그에서 한 줄에 한 커밋씩 표시합니다. → 90쪽

3. **git s**＿＿＿＿＿＿＿＿ : fixed 브랜치로 전환합니다. → 91쪽

4. **git a**＿＿＿＿＿＿＿＿ : 수정한 파일을 스테이지에 한꺼번에 올립니다. → 94쪽

5. **git l**＿＿＿＿＿＿＿＿ : 커밋 로그에 각 브랜치의 커밋을 그래프로 표시합니다. → 95쪽

6. **git m**＿＿＿＿＿＿＿＿ : 현재 main 브랜치에 있으며, fixed 브랜치를 main 브랜치에 병합합니다. → 103쪽

7. **git b**＿＿＿＿＿＿＿＿ : 병합이 끝난 fixed 브랜치를 삭제합니다. → 116쪽

8. **git c**＿＿＿＿＿＿＿＿**12345** : 현재 main 브랜치에 있으며 커밋 해시 12345를 체리픽으로 병합합니다. → 117쪽

9. **t**＿＿＿＿＿＿＿＿ : file-1이라는 빈 파일을 만듭니다. → 120쪽

4

깃허브 시작하기

지금까지 살펴본 버전은 모두 사용자의 지역 저장소에 저장했습니다. 이제부터는 인터넷에서 사용할 수 있는 버전 관리 서비스 가운데 많이 사용하는 깃허브 서비스를 살펴보겠습니다. 깃허브에 버전을 올리면 지역 저장소의 버전을 백업할 수도 있고, 온라인에 올린 버전을 다른 사람과 공유하거나 협업할 때 사용할 수도 있습니다. 이 장에서는 깃허브에 저장소를 만드는 방법부터 지역 저장소와 연결하는 방법, 그리고 지역 저장소를 원격 저장소로 백업하는 방법까지 알아보겠습니다.

① 원격 저장소와 깃허브

지금까지 우리는 자신의 컴퓨터에서 작업한 뒤 같은 컴퓨터 안에 커밋을 저장했습니다. 이 저장소를 지역 저장소(local repository)라고 했죠. 그런데 만약 실수로 지역 저장소를 삭제해 버렸다면 그때까지 작업한 내용은 어떻게 될까요? 불행히도 다 사라져 버릴 것입니다. 중요한 프로젝트라면 아주 곤란하겠죠. 이렇게 작업한 내용을 지역 저장소에만 저장하면 안전하지 않으므로 작업하는 컴퓨터 외에 다른 곳에 저장 공간을 마련해야 합니다.

원격 저장소란

깃에서는 지역 저장소와 원격 저장소(remote repository)를 연결해서 버전 관리하는 파일을 쉽게 백업할 수 있습니다. **원격 저장소**란 지역 저장소가 아닌 컴퓨터나 서버에 만든 저장소를 말합니다.

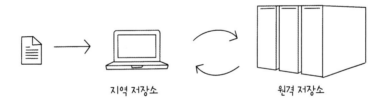

지역 저장소   원격 저장소

원격 저장소는 지역 저장소와 연결되어 있으면서 '백업'과 '협업'이라는 중요한 역할을 합니다. 특히 규모가 큰 프로젝트를 진행한다면 다른 사람과 협업할 때가 많은데, 이때 원격 저장소의 역할은 더욱 중요해집니다.

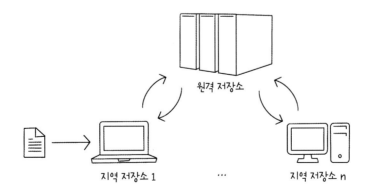

원격 저장소

지역 저장소 1   ···   지역 저장소 n

원격 저장소를 직접 구축할 수도 있지만 만들고 유지하는 것이 쉽지 않으므로 원격 저장소를 제공하는 서비스를 주로 사용합니다. 그중에서 깃과 관련해 가장 많이 사용하는 서비스가 바로 **깃허브**입니다. 이 장에서는 깃허브에 원격 저장소를 직접 만들고 지역 저장소의 파일을 이곳으로 백업하는 방법까지 알아보겠습니다.

깃허브로 할 수 있는 일

깃허브에서는 사용자를 위해 저장소를 제공하는데 유료와 무료 서비스가 있습니다. 깃허브에 가입하면 무료 서비스를 기본으로 이용할 수 있는데 대부분 용량 제한 없이 사용할 수 있죠. 온라인 버전 서비스 가운데 특히 깃허브가 유명한 것은 개발자들이 많이 사용하고 주목하는 여러 오픈 소스가 올라와 있기 때문입니다. 깃허브는 단순히 하나의 서비스에 국한된 것이 아니라 개발 문화 전체에서 차지하는 영향력이 아주 큰 서비스입니다. 개발자라면 누구나 깃허브를 사용하고 있다고 할 수 있죠. 그렇다면 깃허브로 무엇을 할 수 있을까요?

원격 저장소에서 깃을 사용할 수 있습니다

깃허브는 깃 사용을 위한 원격 저장소를 제공하는 서비스이므로 깃을 따로 설치하지 않고도 온라인에서 깃의 버전 관리 기능을 사용할 수 있습니다. 인터넷에서도 지역 저장소에서처럼 깃을 사용할 수 있죠. 지역 저장소를 만들지 않아도 깃허브에 원격 저장소를 만들어 사용할 수도 있고, 지역 저장소가 있다면 원격 저장소와 연결하면 되니까 편리하죠. 다음은 깃허브에서 커밋한 후 그 결과를 확인하는 화면입니다.

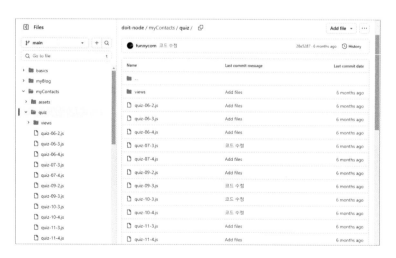

지역 저장소를 백업할 수 있습니다

깃허브에 원격 저장소를 만들고 사용자 컴퓨터의 지역 저장소를 연결한 후 동기화하면 지역 저장소를 인터넷에서 백업할 수 있습니다. 깃허브가 아닌 구글 드라이브 같은 클라우드 디스크에 백업할 수도 있지만 깃허브에 백업하면 원격 저장소에 손쉽게 커밋할 수 있습니다.

온라인 개발 툴을 사용할 수 있습니다

깃허브에 코드스페이스(Codespaces)라는 새로운 기능이 추가되어 클라우드에서 소스를 작성하고 편집할 수 있습니다. 컴퓨터가 바뀌거나 개발 환경이 달라질 때마다 VS Code를 설치하고 필요한 확장 기능을 추가하는 과정을 반복해야 하지만, 코드스페이스를 사용하면 깃허브에 나만의 개발 환경을 만들어 놓을 수 있습니다. 그리고 언제든지 온라인에서 VS Code 편집기를 열어 수정하고 커밋할 수 있죠. 지역 저장소를 만들고 깃허브로 올리는(push) 과정도 필요 없습니다. 다음은 웹에서 소스 코드를 편집하는 화면입니다.

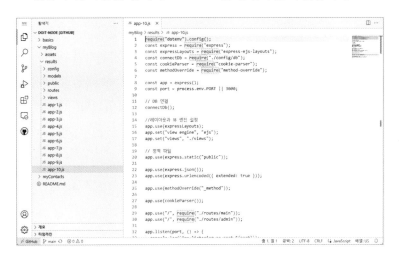

협업 프로젝트에 사용할 수 있습니다

팀 프로젝트를 진행할 때도 이젠 깃허브가 기본 저장소가 되었습니다. 원격 저장소이므로 인터넷만 연결되면 누구나 접근할 수 있고, 깃과 깃허브에서 여러 가지 협업 도구를 제공하므로 깃허브를 사용하면 팀원 여러 명이 하나의 프로젝트를 진행하기도 쉽습니다. 다음은 깃허브에서 협업하는 화면입니다. 🐙 깃허브에서 다른 사람과 협업하는 방법은 5장에서 설명합니다.

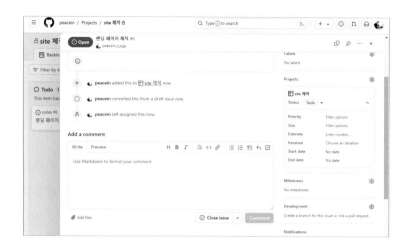

자신의 개발 이력을 남길 수 있습니다

깃허브에서 코드를 수정하거나 오픈 소스에 참여하는 일은 사용자 초기 화면에 날짜별로 모두 기록으로 남습니다. 빽빽하게 기록된 것을 보면 스스로 성실하게 개발했다는 뿌듯함을 느끼기도 하죠. 개발자를 뽑을 때 깃허브 계정을 요구하는 곳이 있습니다. 지원자가 어떤 주제에 관심이 많은지, 어떤 것을 개발했는지, 그리고 무엇을 개발하는지 한눈에 확인할 수 있기 때문입니다. 깃허브는 개발자가 자신의 개발 이력을 관리하기 좋은 플랫폼입니다.

다른 사람의 코드를 살펴볼 수 있고, 오픈 소스에 참여할 수도 있습니다

개발자로서 실력을 높이는 방법이 있습니다. 다른 사람의 코드를 분석하면서 자기 나름대로 수정하고 작성해 보는 것입니다. 깃허브에는 전 세계 개발자들이 공개해 놓은 소스 코드들이 많습니다. 이 코드를 얼마든지 내 저장소로 가져와서 분석해 볼 수 있죠. 또한 깃허브에는 깃을 비롯해 웹 개발이나 인공지능, 데이터 과학 등 전 개발 분야에 걸쳐 다양한 오픈 소스가 등록되어 있습니다. 이런 오픈 소스를 살펴보고 참여할 수 있는 것도 깃허브의 커다란 매력입니다. 다음은 VS Code 오픈 소스에 여러 사용자가 참여한 화면입니다.

🔖 깃허브에서 오픈 소스 프로젝트에 참여하는 방법은 6장에서 자세히 설명합니다.

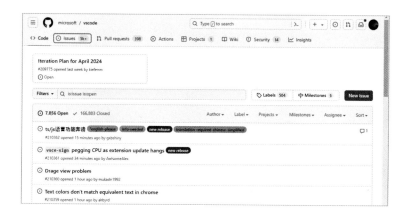

AI 동료와 함께 개발할 수 있습니다

깃허브는 AI 프로그래밍 기능인 코파일럿(Copilot) 서비스를 제공합니다. 깃허브 코파일럿은 VS Code와 함께 사용해서 코드 작성을 하거나 오류를 함께 해결할 수도 있습니다. 또한 개발 프로젝트를 이해하고 전체 코드를 한눈에 파악해서 다양한 요구 사항을 처리할 수 있습니다.

🔖 깃허브 코파일럿은 부록에서 자세히 설명합니다.

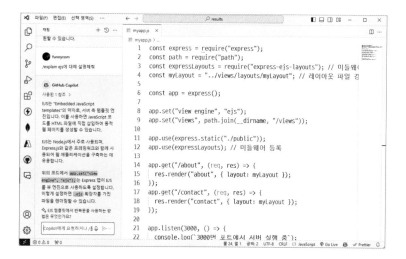

한 걸음 더!

깃허브에서 오픈 소스 검색하기

깃허브에서는 필요한 코드를 검색할 수도 있습니다. 예를 들어 프로그램을 개발하다가 한국어 처리를 위한 코드가 필요하다면 깃허브에서 찾으면 됩니다. 깃허브의 검색 상자에 'korean'이라고 입력하면 'korean'과 관련된 여러 저장소가 나타납니다. 살펴보고 싶은 저장소를 클릭하면 해당 저장소로 이동합니다.

② 깃허브 가입하기

깃허브에 원격 저장소를 만들려면 먼저 깃허브에 가입해야 합니다. 깃허브에 가입하고 저장소를 만드는 방법을 알아보겠습니다. 저장소는 필요할 때마다 얼마든지 만들 수 있고, 사용하지 않는 저장소는 삭제할 수 있습니다.

깃허브에 가입하기

1. www.github.com에 접속한 후 오른쪽 상단의 [Sign up]을 클릭합니다.

👀 깃허브 계정이 있다면 [Sign in]을 클릭하여 로그인한 후 135쪽의 '원격 저장소 만들기'로 넘어갑니다.

2. 깃허브에서 사용할 이메일 계정을 입력한 후 [Continue]를 클릭합니다.

3. 중복되는 이메일 계정이 없으면 단계별로 비밀번호(password), 사용자 이름(username), 업데이트 소식을 받을지 여부를 묻습니다. 단계별로 필요한 정보를 입력하고 [Continue]를 클릭합니다. 사용자 이름은 영문자와 숫자만 사용할 수 있고, 단어가 2개이면 붙임표(-)로 연결할 수도 있습니다.

4. 사용자 정보를 모두 입력하면 'Verify your account'에 있는 문제를 풀어야 합니다. 문제를 풀고 [제출하십시오]를 클릭합니다.

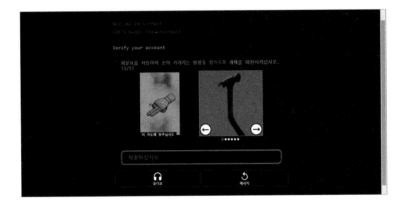

5. 깃허브 계정을 만들 때 사용한 이메일 주소로 론치 코드(launch code)가 도착하는데, 이 코드를 확인해서 깃허브 화면에 입력해야 계정 만들기가 끝납니다.

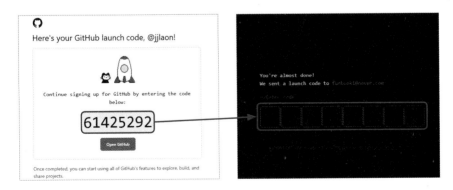

6. 로그인에 성공하면 대시보드 화면이 나타납니다. 로그인한 계정과 관련된 최신 정보를 보여 주는 화면입니다. 아직 아무 저장소도 만들지 않았으므로 처음에는 깃허브 사용법과 깃허브의 최근 변경 사항 내용이 보입니다. 이제 깃허브에 계정을 성공적으로 만들었으니 깃허브를 본격적으로 탐험해 보겠습니다.

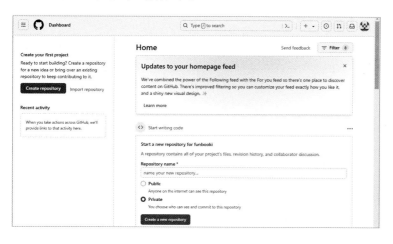

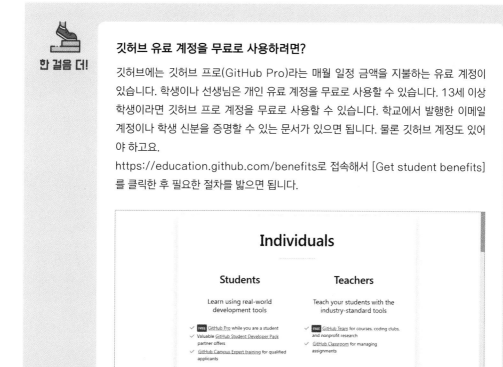

한 걸음 더!

깃허브 유료 계정을 무료로 사용하려면?

깃허브에는 깃허브 프로(GitHub Pro)라는 매월 일정 금액을 지불하는 유료 계정이 있습니다. 학생이나 선생님은 개인 유료 계정을 무료로 사용할 수 있습니다. 13세 이상 학생이라면 깃허브 프로 계정을 무료로 사용할 수 있습니다. 학교에서 발행한 이메일 계정이나 학생 신분을 증명할 수 있는 문서가 있으면 됩니다. 물론 깃허브 계정도 있어야 하고요.
https://education.github.com/benefits로 접속해서 [Get student benefits]를 클릭한 후 필요한 절차를 밟으면 됩니다.

학생 계정에서 가장 큰 혜택은 '깃허브 학생 개발자 팩'을 받을 수 있다는 것입니다. 유료 개발 툴을 무료로 사용할 수도 있고, 다양한 교육 프로그램을 무료나 할인된 가격으로 이용할 수 있습니다.

좀 더 자세한 내용을 알고 싶다면 https://education.github.com/pack를 참고하세요.

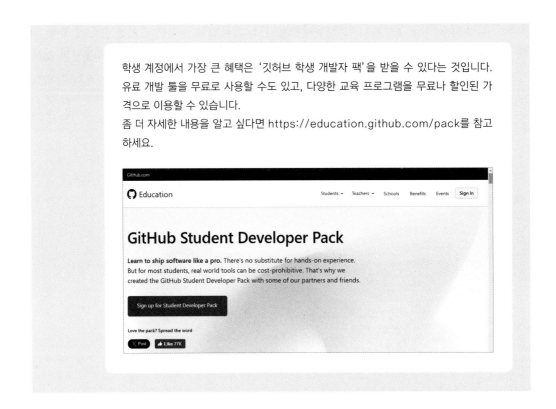

지역 저장소와 원격 저장소

앞에서 깃을 사용하기 위해 사용자 컴퓨터에 저장소를 만들었죠? 깃허브에서 버전을 관리할 때도 저장소를 만들어야 합니다. 사용자 컴퓨터에 있는 저장소는 **지역 저장소**(local repository)라 하고, 깃허브에 있는 저장소는 **원격 저장소**(remote repository)라고 합니다.

여기에서는 우선 지역 저장소를 만들어 작업한 후 그 내용을 원격 저장소로 올리겠습니다. 그리고 변경 사항이 생길 때마다 원격 저장소에도 반영할 것입니다.

지역 저장소에서 원격 저장소로 커밋을 등록하는 것을 **푸시**(push)라고 합니다. 지역 저장소를 거치지 않고 원격 저장소에서 커밋을 만들 수도 있는데, 원격 저장소의 변경 사항을 지역 저장소로 내려받는 것을 **풀**(pull)이라고 합니다.

지역 저장소를 먼저 만들지 않고 온라인에서 저장소를 만들어 작업한 후 그 내용을 사용자 컴퓨터로 내려받을 수도 있습니다. 자세한 설명은 5-1절의 '원격 저장소 복제하기'를 참고하세요.

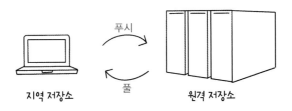

지역 저장소와 원격 저장소를 연결해 놓았기 때문에 지역 저장소의 변경 사항은 항상 원격 저장소로 올려 두어야 하고, 원격 저장소에서 무언가 변경 사항이 있다면 지역 저장소에 내려받아 두어야 합니다. 이렇게 지역 저장소와 원격 저장소를 항상 같게 유지하는 것을 **동기화**(synchronize)라고 합니다.

원격 저장소 만들기

깃허브 사용법을 공부하기 위해 깃허브에 원격 저장소를 만들어 보겠습니다. 뒤에 나올 지역 저장소와 연결하는 저장소입니다. 깃허브에 가입했다면 누구나 저장소를 만들 수 있는데, 깃허브에서는 저장소를 리포지토리(repository)로 표시합니다.

1. 깃허브에 로그인한 후 화면 오른쪽 위에 있는 ➕를 클릭하고 [New repository]를 선택합니다.

🐝 이미 만들어 둔 저장소가 있다면 깃허브 첫 화면 왼쪽에 저장소 목록이 나타납니다. 이 목록 위에 있는 [New]를 클릭해서 새 저장소를 만들 수도 있습니다.

2. 저장소 이름을 비롯해서 필요한 항목을 채우고 [Create repository]를 클릭합니다.

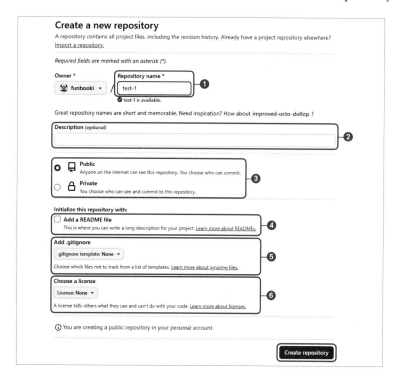

❶ **Repository name:** 저장소 이름을 입력합니다. 영문과 숫자, 언더바(_), 붙임표(-) 등을 사용할 수 있으며, 공백이 포함되어 있으면 자동으로 붙임표(-)로 바뀝니다.

❷ **Description:** 저장소를 소개하는 간단한 설명을 입력합니다. 이 부분은 옵션이므로 반드시 입력하지 않아도 됩니다.

❸ **Public / Private:** 저장소를 공개로 할지 비공개로 할지 선택합니다. 공개 저장소는 주소만 알면 누구나 볼 수 있습니다. 만일 다른 사람에게 보여 주고 싶지 않은 프로젝트를 관리한다면 저장소를 만들 때 비공개(Private)로 하면 됩니다.

❹ **Add a README file:** 저장소를 소개하고 설명하는 내용을 작성하는 README 파일을 자동으로 만들려면 체크합니다. 여기에서는 체크하지 마세요. README 파일은 6-2절에서 공부합니다.

❺ **Add .gitignore:** .gitignore 파일은 지역 저장소의 파일을 깃허브의 저장소로 푸시할 때 제외할 파일을 지정해 놓은 것입니다. ▼를 클릭한 후 어떤 언어와 관련된 것을 .gitignore 파일에 지정할지 선택합니다. 예를 들어 C++을 선택한다면 C++에서 사용하는 컴파일된 라이브러리나 실행 파일을 깃에서 무시하도록 .gitignore 파일을 자동으로 만들어 줍니다.

❻ **Choose a license:** 오픈 소스 프로젝트를 위한 저장소를 만들 때 해당 오픈 소스의 라이선스를 선택합니다.

3. 원격 저장소가 만들어지면서 즉시 저장소 페이지로 이동합니다. 아직 아무 파일도 들어 있지 않고, 맨 위에는 저장소에 접속하는 방법이 나타납니다. 저장소에 접속할 때는 HTTPS 방식이나 SSH 방식 중에서 선택할 수 있습니다. 우선 우리는 HTTPS 방식으로 저장소에 접속할 것입니다.   🐛 SSH 방식으로 접속하는 방법은 4-5절에서 설명합니다.

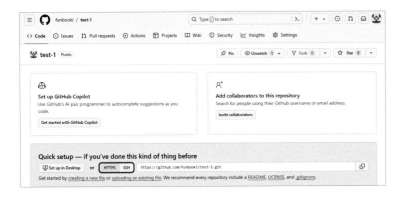

4. 화면에 나타난 HTTPS 주소를 사용해 언제든지 깃허브 저장소에 접속할 수도 있고 파일을 올릴 수도 있습니다. 깃허브 원격 저장소 주소만 알고 있다면 어디에서든 지역 저장소를 백업하거나 다른 사람과 협업할 수 있습니다.

원격 저장소의 HTTPS 주소는 다음과 같은 형태입니다.

```
https://github.com/아이디/저장소명.git
```

예를 들어 깃허브 계정이 jump2dev이고, 저장소 이름이 test-1이라면 주소는 다음과 같습니다.

```
https://github.com/jump2dev/test-1.git
```

원격 저장소 삭제하기

깃허브를 연습할 때는 저장소를 삭제하고 다시 만들고 싶을 수 있습니다. 깃허브 저장소를 삭제하는 방법을 알아보겠습니다.

단, 실제 업무에 사용하는 저장소는 되도록이면 삭제하지 않는 것이 좋습니다

1. 삭제할 저장소 화면의 [Settings]를 클릭합니다.

2. 설정 화면에서 맨 아래까지 이동한 후 [Delete this repository]를 클릭합니다.

3. 삭제할 저장소의 이름을 먼저 확인합니다. 저장소 이름이 맞다면 [I want to delete this repository]를 클릭합니다.

4. 저장소를 삭제하면 그 안에 있던 커밋들, 즉 깃허브에 저장된 작업 내용이 모두 삭제됩니다. 신중해야 하는 작업이므로 해당 저장소를 삭제할 것인지 한번 더 확인하는 창이 나타납니다. 확인했다면 [I have read and understand these effects]를 클릭합니다.

5. 저장소를 삭제하기 위해 '깃허브 아이디/저장소명' 형식으로 삭제할 저장소 이름을 입력한 후 [Delete this repository]를 클릭합니다.

👀 삭제한 저장소 이름도 새로운 저장소를 만들 때 사용할 수 있습니다.

❸ 지역 저장소를 원격 저장소에 연결하기

원격 저장소를 만들었으니 이제 지역 저장소와 연결해서 사용할 수 있습니다. 지역 저장소 또는 원격 저장소에 어떤 변경 사항이 생겨도 언제든 동기화할 수 있죠. 지역 저장소와 원격 저장소를 연결하는 방법을 알아보겠습니다.

지역 저장소 만들기

먼저 깃허브의 원격 저장소에 연결할 새로운 지역 저장소를 만들겠습니다.

1. loc-git라는 새로운 디렉터리를 만들고 VS Code로 드래그해서 작업 폴더로 추가합니다.

👀 VS Code에 다른 작업 폴더가 열려 있다면 [파일] → [폴더 닫기]를 선택해 현재 작업 폴더를 닫습니다.

👀 loc-git은 'local-git'의 줄임말입니다.

2. VS Code 터미널 창에서 git init을 사용해 지역 저장소로 만듭니다.

```
$ git init
```

3. 지역 저장소에 커밋을 만들겠습니다. VS Code 탐색 창의 빈 공간을 마우스 오른쪽 버튼으로 클릭한 후 [새 파일]을 선택해 새 파일을 만듭니다. 파일 이름은 f1.txt라고 하겠습니다. f1.txt에 간단하게 영문자 'a'만 입력하고 저장합니다.

4. f1.txt를 스테이지에 올린 후 커밋합니다. 커밋 메시지는 'add a'라고 하겠습니다. git log 명령으로 커밋이 잘 되었는지 확인하세요. 아직 터미널 창은 닫지 마세요.

```
$ git add f1.txt
$ git commit -m "add a"
$ git log
```

```
문제  출력  터미널  포트  AZURE  디버그 콘솔              + ∨  ⚡ bash  ⊟ 🗑 ⋯ ∧ ✕

Initialized empty Git repository in C:/loc-git/.git/

funco@DESKTOP-CB5T406 MINGW64 /c/loc-git (main)
$ git add f1.txt

funco@DESKTOP-CB5T406 MINGW64 /c/loc-git (main)
$ git commit -m "add a"
[main (root-commit) 89d9294] add a
 1 file changed, 1 insertion(+)
 create mode 100644 f1.txt

funco@DESKTOP-CB5T406 MINGW64 /c/loc-git (main)
$ git log
commit 89d9294654e78edd1d85bbd10636764b1e584572 (HEAD -> main)
Author: funbooki <funbooki@naver.com>
Date:   Sun Apr 21 15:31:22 2024 +0900

    add a

funco@DESKTOP-CB5T406 MINGW64 /c/loc-git (main)
$
```

원격 저장소에 연결하기

깃허브에 저장소를 만들면 첫 화면에 원격 저장소에 접속하는 여러 가지 방법을 알려 줍니다. 그중에서 '커맨드 라인에서 기존 저장소를 푸시하기(…or push an existing repository from the command line)' 방법을 사용해서 지역 저장소에 있는 파일을 원격 저장소로 올려 보겠습니다.

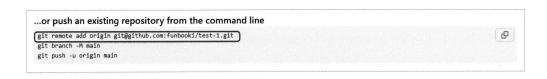

```
...or push an existing repository from the command line
git remote add origin git@github.com:funbooki/test-1.git
git branch -M main
git push -u origin main
```

1. 지역 저장소와 원격 저장소를 연결하려면 우선 원격 저장소의 HTTPS 주소를 알아야 합니다. 웹 브라우저에서 깃허브에 로그인하면 화면 왼쪽에 저장소 목록이 나타납니다. 지역 저장소와 연결할 저장소를 클릭합니다.

2. 깃허브 주소 오른쪽에 있는 □ 을 클릭하면 주소가 복사됩니다.

🐝 깃허브의 저장소 주소가 https://github.com/아이디/저장소명으로 구성되었다는 것을 떠올린다면 굳이 복사하지 않고도 알 수 있습니다.

3. 저장소 주소를 복사했다면 터미널 창에 다음과 같이 입력합니다. 이 명령은 원격 저장소 (remote)에 origin을 추가(add)하겠다고 깃에게 알려 주는 것입니다. 여기에서 origin은 깃허브 저장소 주소(https://github.com/…)를 가리킵니다. 깃허브 저장소 주소를 그대로 쓰면 너무 길어서 origin이라는 단어로 줄여서 remote에 추가하는 것입니다. 이렇게 지역 저장소를 원격 저장소에 연결하는 것은 한 번만 하면 됩니다.

🐝 깃에서 기본 브랜치를 main이라고 하는 것처럼 기본 원격 저장소에는 origin이라는 이름을 사용합니다.

```
$ git remote add origin 복사한 주소 붙여넣기
```

🐝 VS Code 깃 배시 창에서 Ctrl + V 또는 Ctrl + Insert 를 누르면 복사한 주소를 붙여 넣을 수 있습니다.

4. 오류 메시지 없이 프롬프트($)가 나타나면 제대로 연결된 것입니다. 원격 저장소(remote)에 제대로 연결됐는지 확인해 볼까요? 다음처럼 git remote 명령에 -v 옵션을 붙여서 입력해 보세요.

🐾 CLI에서 사용자가 명령을 입력할 때까지 대기하는 상태를 커맨드 프롬프트(command prompt)라고 하고 터미널 창에서 명령 줄에 표시된 기호 $를 프롬프트라고 합니다.

```
$ git remote -v
```

5. 다음과 같이 remote에 origin이 연결되어 있고, origin이 가리키는 주소가 바로 옆에 표시될 것입니다. 주소 끝에 있는 (fetch)와 (push)는 앞으로 배울 것이므로 여기에서는 지역 저장소가 원격 저장소에 잘 연결되었는지만 확인하세요.

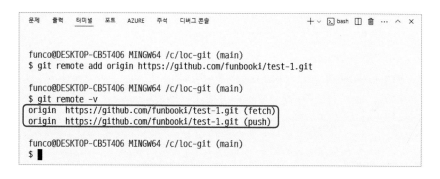

4

④ 지역 저장소와 원격 저장소 동기화하기

지역 저장소와 원격 저장소를 연결했으니 이제부터 지역 저장소의 소스를 원격 저장소에 올릴 수도 있고, 반대로 원격 저장소에 있는 소스를 지역 저장소로 내려받을 수도 있습니다.

원격 저장소에 커밋 처음으로 올리기

먼저 지역 저장소의 커밋을 원격 저장소로 보내는 푸시 방법을 알아보겠습니다. 원격 저장소에 처음 접속할 때 나타나는 내용 가운데 두 번째, 세 번째 항목이 바로 푸시하는 방법입니다.

```
...or push an existing repository from the command line
git remote add origin https://github.com/funbooki/test-1.git
git branch -M main
git push -u origin main
```

🦉 git branch -M main 명령은 저장소의 main 브랜치로 업로드하기 위한 것입니다. 처음에 깃을 설치할 때 기본 브랜치를 main으로 만들었다면 이 명령은 사용하지 않아도 됩니다.

1. VS Code에 loc-git 디렉토리가 열려 있다면 터미널 창에 다음과 같이 입력하세요. 지역 저장소의 브랜치를 origin(원격 저장소)의 main 브랜치로 푸시하라는 명령입니다. 여기에서 -u 옵션은 지역 저장소의 브랜치를 원격 저장소의 브랜치에 연결하는 것으로 처음에 한 번만 사용하면 됩니다. 이후에는 -u 옵션이나 main 브랜치 이름 없이 간단히 푸시할 수 있습니다.

```
$ git push -u origin main
```

2. 원격 저장소에 처음 푸시할 때는 깃허브 로그인 창이 나타납니다. [Sign in with your browser]를 클릭합니다.

3. 깃을 사용한 지역 저장소와 깃허브 저장소를 연결하기 위해 [Authorize GitCredential Manager]를 클릭합니다.

4. 깃허브 계정의 비밀번호를 입력하고 [Confirm password]를 클릭하면 사용자 인증이 끝납니다. 이제부터는 사용자 인증 없이 깃허브 저장소에 푸시할 수 있습니다.

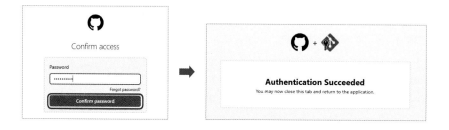

5. 사용자 인증이 끝나는 동시에 터미널 창에서는 푸시가 진행됩니다. 푸시가 끝나면 프롬프트($)가 나타납니다.

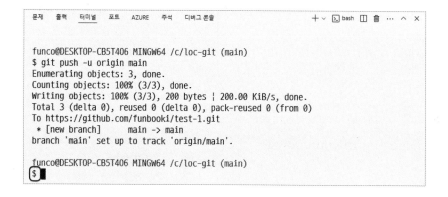

6. 푸시가 끝났다는 것은 지역 저장소의 커밋이 원격 저장소로 올라갔다는 뜻입니다. 푸시가 끝 났으면 깃허브 저장소가 열려 있는 웹 브라우저 창으로 돌아와 F5를 눌러 새로 고침 해보세 요. 지역 저장소에 있던 f1.txt 파일이 원격 저장소에 올라와 있을 것입니다. 저장소의 파일 목록 에는 파일 이름과 함께 커밋 메시지도 나타납니다. 파일 목록 오른쪽 위에 있는 [1 Commits]을 클릭해 보세요.

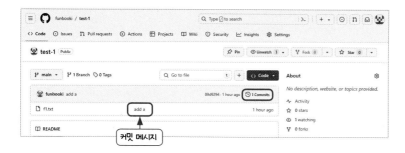

7. 커밋한 날짜와 사람, 메시지 등을 볼 수 있습니다.

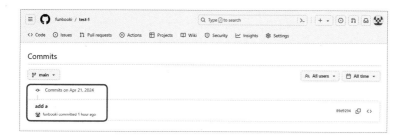

원격 저장소에 파일 올리기 — git push

지역 저장소와 원격 저장소를 연결해서 한 번이라도 푸시했다면 그다음부터는 더 간단하게 푸시할 수 있습니다.

1. 지역 저장소에 또 다른 커밋을 만들고 푸시해 보겠습니다. f1.txt 파일을 열고 원래 내용 다 음 줄에 'b'를 추가하고 저장합니다. 'add b'라는 커밋 메시지를 사용해 커밋합니다.

```
$ git commit -am "add b"
```

2. 지역 저장소에 새로운 커밋이 만들어졌으니 원격 저장소로 푸시해 볼까요? 이미 앞에서 원격 저장소에 푸시하면서 사용자 인증을 했으므로 이제부터는 git push만 입력하면 됩니다.

```
$ git push
```

3. 방금 만든 커밋이 깃허브의 원격 저장소로 푸시됩니다.

```
문제  출력  터미널  포트  AZURE  주석  디버그 콘솔           + ∨  ⯈ bash  ▢  🗑  …  ∧  ✕

funco@DESKTOP-CB5T406 MINGW64 /c/loc-git (main)
$ git push
Enumerating objects: 5, done.
Counting objects: 100% (5/5), done.
Writing objects: 100% (3/3), 232 bytes | 232.00 KiB/s, done.
Total 3 (delta 0), reused 0 (delta 0), pack-reused 0 (from 0)
To https://github.com/funbooki/test-1.git
   89d9294..299c520  main -> main

funco@DESKTOP-CB5T406 MINGW64 /c/loc-git (main)
$
```

4. 웹 브라우저에서 깃허브 저장소 화면을 새로 고침 해보세요. f1.txt 파일을 수정해서 파일 목록에 f1.txt 파일만 계속 보일 것입니다. 그런데 파일 이름 오른쪽에 최신 커밋 메시지 'add b'가 보이고, 파일 목록 위를 보면 1 Commits이었던 것이 2 Commits로 바뀌었습니다. [2 Commits]를 클릭해 보세요.

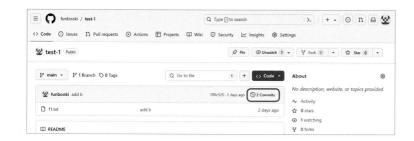

5. 조금 전에 푸시한 add b 커밋이 올라온 것을 볼 수 있습니다. add b 커밋이 어떤 걸 변경했는지 궁금하다면 커밋 이름 오른쪽에 있는 커밋 해시를 클릭해 보세요.

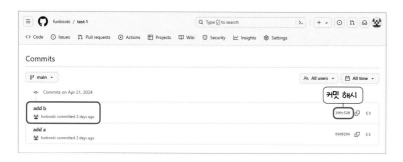

6. 파일에서 삭제한 것은 붉은색, 추가한 것은 초록색으로 표시되어 파일에서 어느 부분이 바뀌었는지 쉽게 알아볼 수 있습니다.

원격 저장소에서 직접 커밋하기

원격 저장소에 커밋을 만들면 지역 저장소에는 없으므로 가져와야 합니다. 특히 깃허브에서 공동 작업을 하면 이런 과정이 꼭 필요하죠. 여기에서는 깃허브에서 파일을 직접 수정해서 원격 저장소에 새로운 커밋을 만들어 보겠습니다.

1. 앞에서 커밋을 푸시한 원격 저장소로 접속합니다. 이미 푸시한 f1.txt 파일이 있습니다. 여기에 새로운 파일을 추가해 보겠습니다. 파일 목록 위에 있는 [Add File]을 클릭한 후 [Create new file]을 선택하세요.

[Add file] 버튼은 작은 화면에서 + 으로 표시됩니다.

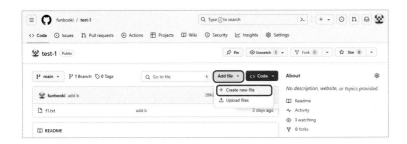

2. 맨 위에 파일 이름을 입력한 후 내용을 작성합니다. 여기에서는 파일 이름을 f2.txt로 하고, 내용에는 숫자 1, 2, 3을 입력했습니다. [Commit changes...]를 클릭합니다.

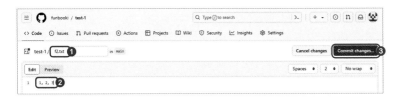

3. 기본적인 커밋 메시지(Create f2.txt)가 입력되었습니다. 이 메시지를 그냥 사용하거나 원하는 내용으로 수정한 후 [Commit changes]를 클릭합니다.

4. 원격 저장소에 새로운 커밋이 추가되었습니다.

원격 저장소에서 커밋 내려받기 — git pull

원격 저장소에서 직접 커밋하면 지역 저장소와 버전 차이가 생깁니다. 이럴 때는 원격 저장소와 지역 저장소의 상태가 같아지도록 원격 저장소의 커밋을 지역 저장소로 가져옵니다. 이것을 **풀한다**(pull)고 합니다. 깃허브에서 풀하는 방법을 알아보겠습니다.

1. 깃허브 사이트에서 f2.txt라는 파일을 새로 만들었죠? 그러므로 loc-git 지역 저장소에는 아직 f2.txt 파일이 없습니다.

2. 원격 저장소에서 커밋을 풀할 때는 git pull 명령을 사용합니다. 그리고 그 뒤에 원격 저장소 이름과 지역 저장소의 브랜치 이름을 넣어 줍니다. 여기에서는 origin(원격 저장소)을 지역 저장소의 main 브랜치로 가져오라고 하겠습니다. 터미널 창에 다음과 같이 입력해 보세요.

> 원격 저장소를 origin으로 지정했고, 지역 저장소의 기본 브랜치인 main으로 풀하겠다면 간단히 git pull이라고 해도 됩니다.

```
$ git pull origin main
```

3. 원격 저장소에서 소스 파일을 가져오는 과정이 화면에 나타납니다. $가 화면에 표시되면 가져오기가 끝난 것입니다. VS Code 탐색 창에 f2.txt가 보일 것입니다.

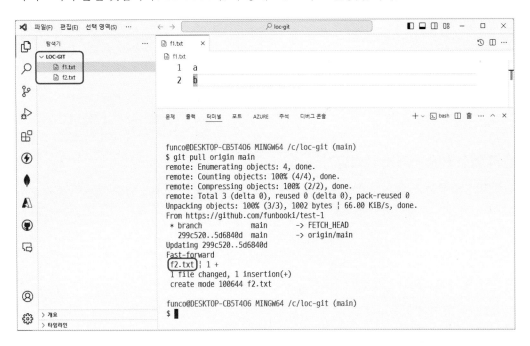

4. git log 명령으로 커밋 로그를 확인해 볼까요? 깃허브 사이트에서 만들었던 커밋이 지역 저장소 커밋 로그에도 나타나는 것을 확인할 수 있습니다. 그리고 커밋 해시 오른쪽을 보면 (HEAD -> main) 외에 origin/main도 있을 것입니다. 원격 저장소의 최신 커밋이라는 뜻입니다.

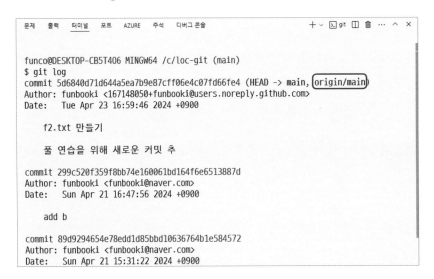

깃허브 원격 저장소 화면 살펴보기

앞에서 커밋을 푸시하고 잠깐 둘러봤던 원격 저장소 화면에는 여러 가지 정보가 담겨 있습니다. 여기에 있는 정보와 기능을 모두 사용하지는 않겠지만, 최소한 어떤 정보와 기능이 있는지는 알아 두는 게 좋겠죠. 오픈 소스인 VS Code 저장소 화면을 예로 들어 설명하겠습니다.

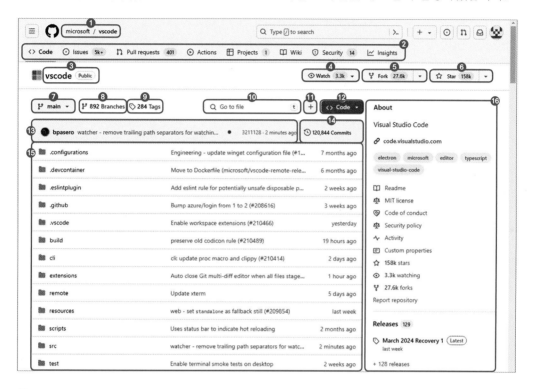

❶ 깃허브 계정과 저장소 이름입니다. 계정을 클릭하면 해당 계정의 대시보드 화면으로 이동합니다.

❷ 저장소에서 사용하는 주요 기능으로 이후에 하나씩 배우겠습니다.

❸ 저장소의 이름입니다.

❹ 이 저장소의 알림을 받는 사용자의 수를 표시합니다.

❺ 이 저장소를 자신의 계정으로 복제한 사용자의 수를 표시합니다.

❻ 이 저장소를 즐겨찾기에 추가한 사용자의 수를 표시합니다.

❼ 현재 브랜치를 나타냅니다. 이 항목을 클릭한 후 브랜치를 전환할 수 있습니다.

❽ 현재 저장소의 브랜치 개수를 표시합니다.

❾ 커밋에 붙인 태그(커밋을 이해하기 쉽게 설명을 붙인 것)의 개수를 표시합니다.

❿ 저장소에 있는 파일을 검색할 수 있습니다.

⓫ 클릭하면 새 파일을 만들거나 파일을 업로드할 수 있습니다.

⓬ 저장소 주소를 복사하거나 저장소에 있는 파일을 ZIP 형태로 내려받을 수 있습니다.

⓭ 가장 최근의 커밋을 표시합니다.

⓮ 저장소의 전체 커밋 개수를 표시합니다.

⓯ 저장소의 파일 목록입니다.

⓰ 저장소와 관련한 여러 정보가 표시됩니다.

👓 깃허브에서 다른 저장소의 소스를 살펴볼 때 ❹, ❺, ❻ 등의 개수를 눈여겨보면 해당 저장소의 소스를 참고할지 결정하는 데 도움이 됩니다.

저장소의 파일 목록에서 파일을 클릭하면 파일 내용을 볼 수 있습니다. 이때 화면 왼쪽에는 현재 저장소의 파일 구조가 나타나므로 현재 파일 외의 다른 파일을 찾아보기 쉽습니다.

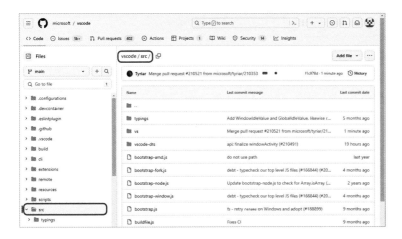

앞에서 만들었던 test-1 저장소에도 간단한 소개 글을 추가해 보겠습니다. 저장소 첫 화면으로 이동한 후 오른쪽 사이드바에서 [About] 옆에 있는 ⚙ 아이콘을 클릭합니다.

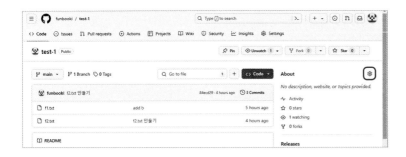

저장소를 소개하는 간단한 내용을 입력합니다. 그리고 릴리즈나 패키지 항목이 지금은 필요하지 않으므로 체크 표시를 지워서 화면에서 감출 수 있습니다. [Save changes]를 클릭합니다.

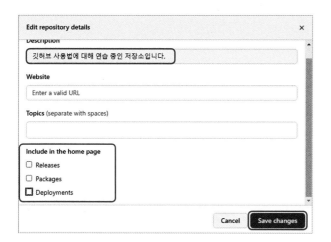

다른 사람이 여러분의 저장소에 방문했을 때 이 소개 글을 보면 어떤 저장소인지 쉽게 파악할 수 있겠죠?

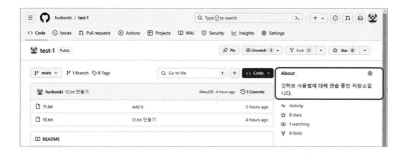

⑤ 깃허브에 SSH 원격 접속하기

지금까지 HTTPS 방식으로 원격 저장소에 접속하고 커밋을 푸시했습니다. 깃허브는 HTTPS 외에 SSH 방식으로도 접속할 수 있습니다. 이번에는 SSH 방식으로 깃허브에 접속하는 방법을 알아보겠습니다.

SSH 원격 접속이란

SSH는 secure shell의 줄임말로 보안이 강화된 안전한 방법으로 정보를 교환하는 방식입니다. SSH에서는 기본적으로 프라이빗 키(private key)와 퍼블릭 키(public key)를 한 쌍으로 묶어서 컴퓨터를 인증합니다. private은 '사적인, 비밀의, 비공개의'를, public은 '공적인, 공개의'를 뜻하지요. 퍼블릭 키는 말 그대로 외부로 공개되고, 프라이빗 키는 아무도 알 수 없게 사용자 컴퓨터에만 저장됩니다. 사용자 컴퓨터에서 SSH 키 생성기를 실행하면 프라이빗 키와 퍼블릭 키가 만들어집니다. 🐛 깃 퍼블릭 키를 '공개 키' 프라이빗 키를 '개인 키'라고도 합니다.

일반적으로 깃허브의 원격 저장소에 파일을 올리는 등의 작업을 하려면 아이디와 비밀번호를 입력해서 깃허브에게 자신이 해당 저장소를 만든 계정의 주인임을 인증해야 합니다.

이에 비해 SSH 원격 접속은 프라이빗 키와 퍼블릭 키를 사용해 현재 사용하는 기기를 깃허브에 인증하는 방식입니다. 예를 들어 서버 환경에서 깃허브 저장소에 접속해야 한다면 서버 자체를 깃허브에 등록하고, 개인 노트북으로 접속한다면 노트북을 깃허브에 등록해 둡니다. 이렇게 하면 터미널 창에서 따로 인증하지 않아도 깃허브에 접속할 수 있습니다. 또, 터미널 창에서 깃허브를 사용하다 보면 아이디와 비밀번호를 요구하는 경우가 많은데, SSH 접속 방법을 사용하면 자동 로그인 기능으로 이러한 번거로움을 줄일 수 있습니다.

SSH 키 생성하기

사용자 컴퓨터에서 SSH 키 생성기를 사용하면 프라이빗 키와 퍼블릭 키가 만들어진다고 했지요? 퍼블릭 키와 프라이빗 키를 만들어 보고, 이 키들이 어디에 저장되고 어떤 용도로 사용되는지 알아보겠습니다.

1. 터미널 창에서 다음과 같이 입력해 홈 디렉터리로 이동합니다.

SSH 키를 홈 디렉터리에 반드시 저장해야 하는 것은 아니지만, 저장 위치를 기억하기 쉽도록 대부분 홈 디렉터리에 저장합니다.

```
$ cd ~
```

2. ssh-keygen 명령을 실행합니다. 맨 뒤에는 저장소에서 사용할 이메일 계정을 입력하세요. -t ed25519 옵션은 ed25519라는 알고리즘을 사용해 SSH 키를 만들기 위한 것이고 -C "*이메일 주소*" 옵션은 키에 이메일 주소를 주석으로 기록하는 옵션입니다.

```
$ ssh-keygen -t ed25519 -C "이메일 주소"
```

예를 들어 사용하는 이메일 주소가 'funbooki@naver.com'이라면 다음과 같이 작성하면 됩니다.

```
$ ssh-keygen -t ed25519 -C "funbooki@naver.com"
```

3. 화면에 SSH 키가 저장되는 디렉터리 경로가 표시되면서 파일 이름을 입력하라고 합니다. SSH 키가 저장되는 디렉터리는 홈 디렉터리 안에 있는 .ssh 디렉터리이고, 기본 파일 이름은 id_ed25519라는 걸 알 수 있습니다. 아무것도 입력하지 않고 Enter 를 누르면 기본 이름 id_ed25519를 사용합니다.

id_ed25519 대신 다른 이름을 사용해도 됩니다.

```
문제   출력   터미널   포트   AZURE   디버그 콘솔

funco@DESKTOP-CB5T406 MINGW64 ~/.ssh
$ ssh-keygen -t ed25519 -C "funbooki@naver.com"
Generating public/private ed25519 key pair.
Enter file in which to save the key (/c/Users/funco/.ssh/id_ed25519)
:
```

4. `Enter` 를 2번 더 누르면 SSH 키가 만들어집니다

```
문제    출력    터미널    포트    AZURE    디버그 콘솔

Enter passphrase (empty for no passphrase):
Enter same passphrase again:
Your identification has been saved in /c/Users/funco/.ssh/id_ed25519
Your public key has been saved in /c/Users/funco/.ssh/id_ed25519.pub
The key fingerprint is:
SHA256:x0sY2aYdmm+3DHQft35FbCVy1kychKURtjXCb4WlBFE funbooki@naver.co
m
The key's randomart image is:
+--[ED25519 256]--+
|              +OE%+|
|          o  o+@oB|
|         o +  *ooo|
|         X .    o+|
|        S * . oo.|
|        = o . oo|
|         = . ...|
|          . + .. .|
|             o ..|
+----[SHA256]-----+

funco@DESKTOP-CB5T406 MINGW64 ~/.ssh
$ █
```

5. 키가 만들어졌는지 확인해 볼까요? 다음과 같이 입력해서 .ssh 디렉터리로 이동한 후 그 안에 있는 파일을 살펴보세요.

```
$ cd .ssh
$ ls -la
```

6. .ssh 디렉터리에 id_ed25519 파일과 id_ed25519.pub 파일이 만들어졌습니다. id_ed25519 파일은 프라이빗 키이므로 사용자 시스템에 보관해 두고 id_ed25519.pub 파일은 퍼블릭 키이므로 깃허브에 등록할 것입니다.

```
문제    출력    터미널    포트    AZURE    디버그 콘솔

funco@DESKTOP-CB5T406 MINGW64 ~/.ssh
$ ls -la
total 49
drwxr-xr-x 1 funco 197609    0   4월 17 23:51 ./
drwxr-xr-x 1 funco 197609    0   4월 17 23:51 ../
-rw-r--r-- 1 funco 197609  411   4월 17 23:53 id_ed25519
-rw-r--r-- 1 funco 197609  100   4월 17 23:53 id_ed25519.pub
```

7. 사용자 시스템에서 SSH 에이전트를 실행하고 프라이빗 키를 등록합니다. SSH 키의 이름을 다르게 지정했다면 다음 코드에서 id_ed25519 부분을 수정하세요.

🐢 SSH 에이전트란 SSH 키를 안전하게 저장하고 관리하는 프로그램을 말합니다.

```
$ eval "$(ssh-agent -s)"
$ ssh-add ~/.ssh/id_ed25519
```

8. "Identity added: …"라는 메시지가 나타나면 프라이빗 키가 정상으로 추가된 것입니다.

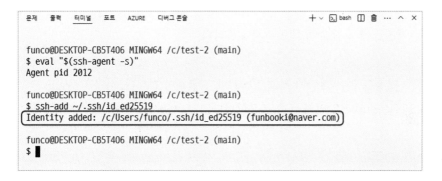

깃허브에 퍼블릭 키 전송하기

앞에서 만든 키를 사용해 보기 전에 SSH 방식으로 깃허브 저장소에 접속하는 과정을 간단히 살펴보겠습니다.

SSH 방식으로 접근하려면 먼저 사용자 컴퓨터에 만들어져 있는 퍼블릭 키를 깃허브 서버로 전송한 다음 저장합니다.

프라이빗 키   사용자 컴퓨터   퍼블릭 키 전송   깃허브 서버   퍼블릭 키

사용자 컴퓨터에서 깃허브 저장소에 접속하면 사용자 컴퓨터에 있는 프라이빗 키와 깃허브 서버에 있는 퍼블릭 키를 비교합니다. 퍼블릭 키와 프라이빗 키는 한 쌍이므로 두 키가 서로 맞으면 사용자 컴퓨터와 깃허브 저장소가 연결됩니다.

프라이빗 키   퍼블릭 키

두 키가 맞으면 연결

사용자 컴퓨터   깃허브 서버

접속 과정을 간단히 알아봤으니 이제부터 SSH 방식을 사용해서 깃허브에 직접 접속해 보겠습니다.

SSH 접속은 계정 전체에 적용됩니다. 예를 들어 funbooki 계정을 SSH로 접속한다면 이 계정에서 만드는 모든 저장소에서 같은 방식으로 사용합니다.

1. SSH로 접속하려면 만들어 놓은 퍼블릭 키를 깃허브에 등록해야 합니다. 다음처럼 clip 명령을 사용해서 id_ed25519.pub 파일의 내용을 복사합니다.

clip 명령은 < 기호 다음에 있는 파일의 내용을 클립보드로 복사합니다.

```
$ clip < ~/.ssh/id_ed25519.pub
```

2. 웹 브라우저에서 깃허브에 접속한 후 로그인합니다. 그리고 화면 오른쪽 위에 있는 사용자 아이콘을 클릭한 후 [Settings]를 선택하세요.

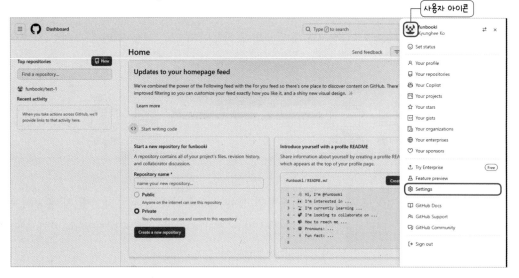

사용자 아이콘

3. 여러 가지 설정 항목이 나타나는데 Access 카테고리에서 [SSH and GPG keys]를 선택합니다. 아직 아무 SSH 키도 등록되어 있지 않은 상태죠. 새로운 퍼블릭 키를 추가하기 위해 화면 오른쪽의 [New SSH key]를 클릭합니다.

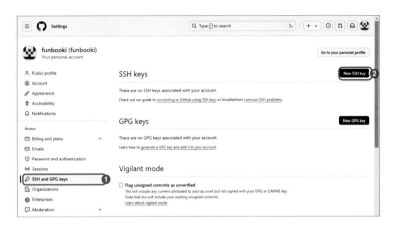

4. SSH에는 퍼블릭 키를 여러 개 등록할 수 있습니다. 현재 등록하는 SSH 퍼블릭 키를 쉽게 알아볼 수 있도록 [Title] 항목에 제목을 붙입니다. 필자는 맥과 윈도우 시스템에서 사용할 SSH 키를 등록할 것이므로 여기에서는 [Title]에 윈도우 시스템 11을 사용할 것이라고 쉽게 알아볼 수 있도록 작성했습니다. 그리고 [Key] 항목에 앞에서 복사한 퍼블릭 키값을 붙여 넣습니다. [Add SSH key]를 클릭해서 SSH 키를 추가합니다.

> 🐵 Key 항목에 이미 내용이 적혀 있지만 이것은 안내일 뿐입니다. 키값을 붙여 넣으면 사라집니다.

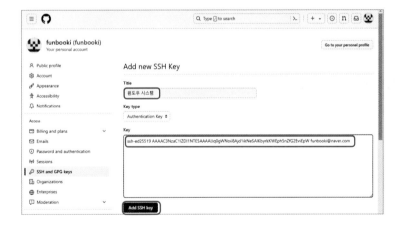

5. 퍼블릭 키를 추가할 때 비밀번호를 확인합니다. 깃허브 비밀번호를 입력한 후 [Confirm]을 클릭합니다.

6. 앞에서 만든 SSH 퍼블릭 키를 깃허브 서버에 올렸습니다. 이제 SSH 키를 만들었던 컴퓨터는 깃허브 저장소의 SSH 주소만 알면 따로 로그인 정보를 입력하지 않고도 깃허브 저장소에 접속할 수 있습니다.

깃허브에 등록해 놓은 SSH 키를 삭제하려면 오른쪽에 있는 [Delete]를 클릭합니다.

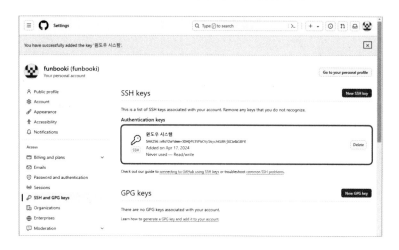

SSH 주소로 원격 저장소 연결하기

SSH 접속 준비가 끝났습니다. 이제 SSH 주소를 사용해 지역 저장소와 원격 저장소를 연결해 보겠습니다. 앞에서 만들었던 test-1 저장소는 HTTPS 방식으로 접속했으므로 여기에서는 새로운 지역 저장소를 만들어서 SSH 방식으로 접속해 보겠습니다.

1. 우선 깃허브에 새로운 원격 저장소를 만들겠습니다. 깃허브 사이트에서 화면 오른쪽 위에 있는 ➕를 클릭한 후 [New repository]를 선택합니다. 저장소 이름을 입력한 후 [Create repository]를 클릭해서 저장소를 만듭니다. 이번에는 저장소 이름을 'test-2'로 하겠습니다.

2. 저장소가 만들어지면 기본적으로 HTTPS 주소가 나타 납니다. 우리는 SSH 방식으로 접근할 것이므로 [SSH]를 클릭해서 오른쪽에 주소가 나타나면 📋 아이콘을 클릭해 복사합니다.

SSH 퍼블릭 키를 추가해 놓았더라도 언제든지 HTTPS 방식으로 연결할 수 있습니다. 앞에서 test-1 저장소를 만들고 HTTPS 방식으로 연결했던 것 기억나죠?

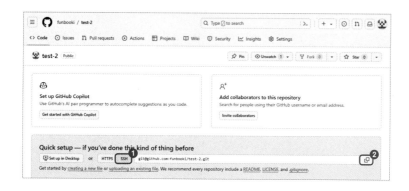

3. 깃허브에 퍼블릭 키를 추가하고 원격 저장소의 SSH 주소도 알아냈으니 지역 저장소에 연결할 수 있습니다. 지역 저장소는 사용자 컴퓨터에 있는 저장소를 가리킨다는 것 기억하죠? VS Code에 열어 두었던 작업 폴더를 닫습니다. 탐색기에서 test-2라는 새 폴더를 만든 후 VS Code에 작업 폴더로 추가합니다. 그리고 VS Code의 터미 널 창에서 다음과 같이 입력해 저장소를 초기화합니다.

새 폴더를 만들고 VS Code에 작업 폴더로 추가하는 과정이 기억나지 않는다면 142쪽에서 test-1 폴더를 작업 폴더로 추가 하는 과정을 참고하세요.

```
$ git init
```

```
funco@DESKTOP-CB5T406 MINGW64 /c/test-2
$ git init
Initialized empty Git repository in C:/test-2/.git/

funco@DESKTOP-CB5T406 MINGW64 /c/test-2 (main)
$
```

4. SSH 주소를 사용해 원격 저장소에 연결하는 방법은 HTTPS 방식과 같습니다. git remote add origin 명령 뒤에 복사한 주소를 붙여 넣습니다.

```
$ git remote add origin 복사한 주소 붙여넣기
```

5. 오류 메시지 없이 프롬프트($)가 표시되면 정상으로 연결된 것입니다. git remote 명령 뒤에 -v 옵션을 붙여서 어떤 원격 저장소가 연결되었는지 확인할 수 있습니다.

```
$ git remote -v
```

```
funco@DESKTOP-CB5T406 MINGW64 /c/test-2 (main)
$ git remote add origin git@github.com:funbooki/test-2.git

funco@DESKTOP-CB5T406 MINGW64 /c/test-2 (main)
$ git remote -v
origin  git@github.com:funbooki/test-2.git (fetch)
origin  git@github.com:funbooki/test-2.git (push)

funco@DESKTOP-CB5T406 MINGW64 /c/test-2 (main)
$
```

6. VS Code에서 f.txt라는 파일을 만든 후 숫자 '1'을 입력하고 저장합니다. 그리고 스테이징과 커밋을 진행하는데 커밋 메시지는 'test ssh'라고 하겠습니다.

```
$ git add f.txt
$ git commit -m "test ssh"
```

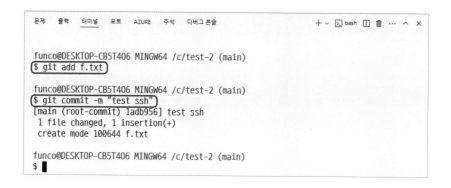

7. 이제 push 명령을 사용해 원격 저장소로 푸시해 보세요.

SSH로 접속할 때 인증과 관련된 경고 메시지가 나타날 수도 있습니다. 그럴 때는 'yes'를 입력하고 Enter 를 누르면 푸시가 진행됩니다.

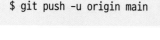

```
$ git push -u origin main
```

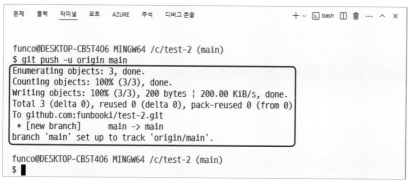

8. 깃허브 저장소에서 화면을 새로 고침 하면 방금 푸시한 파일이 올라와 있을 것입니다. HTTPS와 SSH는 접속 방식만 다를 뿐 지역 저장소와 원격 저장소를 연결하는 방법, 푸시/풀하는 방법도 같습니다.

 **명령어 테스트** | # 4장에서 꼭 기억해야 할 명령

이 장에서 배운 명령 가운데 꼭 기억해야 할 것을 모아 놓았습니다. 오랫동안 기억할 수 있도록 설명을 참고해서 명령을 완성해 보세요. 잘 기억나지 않는다면 해당하는 페이지로 돌아가 복습해 보세요.

1. git r‿‿‿‿‿‿‿‿‿‿‿‿‿‿‿‿ : 원격 저장소에 연결합니다. → 141쪽

2. git r‿‿‿‿‿‿ : 원격 저장소에 연결됐는지 확인합니다. → 142쪽

3. git p‿‿‿‿‿‿‿‿‿‿ : 지역 저장소의 커밋을 맨 처음 원격 저장소로 올립니다. → 143쪽

4. git p‿‿‿‿‿‿‿ : (한 번 올린 후에) 지역 저장소의 커밋을 원격 저장소로 올립니다. → 146쪽

5. git p‿‿‿‿‿‿‿ : 원격 저장소의 커밋을 지역 저장소로 가져옵니다. → 149쪽

6. s‿‿‿‿‿‿‿‿ : SSH 키를 만듭니다. → 155쪽

5

깃허브로 협업하기

깃허브의 또 다른 장점은 협업할 때 나타납니다. 회사 컴퓨터에서 작업하던 것을 깃허브에 올려놓으면 집에 있는 컴퓨터에서도 언제든지 접속해서 코드를 내려받고 커밋한 후 다시 푸시할 수 있습니다.

또한 깃허브에 원격 저장소를 만들고 팀 프로젝트 파일을 전부 올려놓으면 다른 팀원은 각자 원하는 시간과 장소에서 편하게 프로젝트 파일에 접근할 수 있죠. 커밋을 푸시할 때 시간과 장소를 일일이 정해 놓고 모이지 않아도 소통할 수 있도록 팀원끼리 의견을 나눌 수 있는 간단한 기능도 제공합니다.

이 장에서는 팀 프로젝트를 할 때 깃허브를 어떻게 사용하는지 알아보겠습니다. 먼저 하나의 원격 저장소를 중심으로 둘 이상의 지역 저장소와 연결하는 방법을 알아보고, 연결된 원격 저장소와 지역 저장소를 동기화하는 방법도 살펴보겠습니다.

① 서로 다른 컴퓨터에서 원격 저장소 함께 사용하기

이제부터 디렉터리 2개를 만들어 깃허브 연습을 해보겠습니다. 저장소 2개를 하나는 집에 있는 컴퓨터, 다른 하나는 회사 컴퓨터에 있다고 상상해 보세요. 또는 하나는 PC, 하나는 노트북의 저장소라고 상상해도 됩니다. 서로 다른 위치에서 같은 계정으로 하나의 원격 저장소에 접근하는 방법을 살펴보겠습니다.

원격 저장소 복제하기 — git clone

원격 저장소를 지역 저장소 외에 다른 지역 저장소에서 사용하려면, 원격 저장소에 담긴 내용 전체를 지역 저장소로 가져와야 합니다. 원격 저장소를 지역 저장소로 똑같이 가져오는 것을 **복제한다**고 하거나 **클론**(clone) 또는 **클로닝**(cloning)이라고 합니다.

1. 4장에서 깃허브에 만든 'test-1'이라는 원격 저장소를 계속 사용하겠습니다. 깃허브에 있는 test-1 저장소를 'git_home'이라는 지역 저장소로 복제하겠습니다. 저장소 파일 목록 화면에서 [Code]를 클릭하면 복제할 주소를 확인할 수 있습니다. 여기에서는 HTTPS 방식을 사용해 보겠습니다. [HTTPS] 탭을 선택한 후 🗗 아이콘을 클릭하여 원격 저장소의 주소를 복사합니다.

🐵 이미 원격 저장소의 주소를 기억하고 있다면 이 과정은 건너뛰고 다음 단계로 넘어가세요.

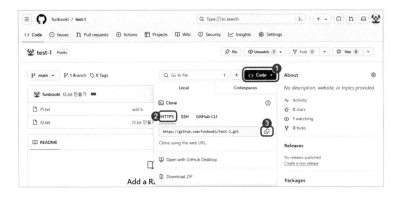

2. C 드라이브나 홈 디렉터리, 또는 원하는 위치에 git_home 디렉터리를 만들고 VS Code에 작업 폴더로 추가합니다. VS Code의 터미널 창에서 다음과 같이 입력해서 원격 저장소를 현재 폴더로 복제합니다. 명령 맨 뒤에 있는 마침표(.)는 현재 디렉터리를 의미합니다.

🐟 원격 저장소를 복제하면서 동시에 새로운 디렉터리를 만들고 싶다면 $ git clone 원격 저장소 다음에 디렉터리 이름을 입력합니다.

```
$ git clone 원격 저장소 주소 .
```

3. 원격 저장소에 연결되면서 저장소에 있던 내용이 지역 저장소로 복제됩니다. VS Code 탐색 창을 보면 f1.txt와 f2.txt가 있을 것입니다.

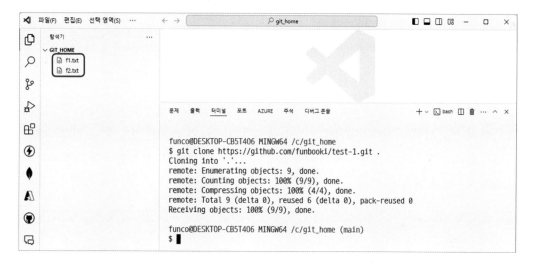

4. 이번에는 회사 컴퓨터를 대신할 git_office 디렉터리를 만듭니다. VS Code에서 [파일] → [새 창]을 선택하면 VS Code 창을 하나 더 열 수 있습니다. 윈도우 탐색기에서 git_office 디렉터리를 새로 열린 VS Code 창으로 드래그해서 작업 폴더로 추가합니다.

5. git_office 디렉터리에서 git clone 명령으로 test-1 원격 저장소를 git_office 디렉터리로
복제합니다.

```
$ git clone 원격 저장소 주소 .
```

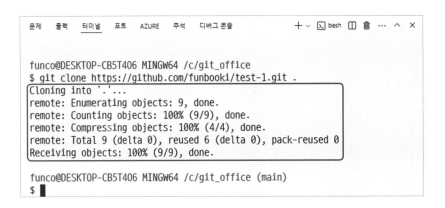

6. git_home 디렉터리와 git_office 디렉터리 양쪽에서 git log 명령을 사용해 커밋 로그를
확인해 보세요. 양쪽 디렉터리에 똑같이 test-1 원격 저장소가 복제된 것을 볼 수 있습니다.
이렇게 원격 저장소를 복제하면 지역 저장소에 똑같은 커밋 로그가 생기면서 동시에 원격 저
장소와 자동으로 연결됩니다.

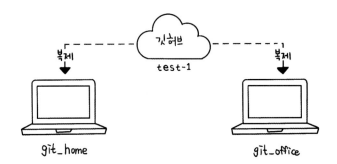

집에 있는 컴퓨터에서 작업하고 올리기

같은 원격 저장소를 복제한 컴퓨터 2대 가운데 한 곳에서 커밋을 만들고 푸시해 보겠습니다.
여기에서는 git_home 디렉터리를 집에 있는 컴퓨터라고 가정하고 작업하겠습니다.

1. git_home 디렉터리로 이동한 후 새로운 커밋을 만들어 보겠습니다. f1.txt 문서를 열고 간
단한 내용을 추가해 보세요. 여기에서는 추가하는 내용보다 커밋하는 것이 중요합니다. f1.txt
문서에 'c'를 추가한 후 스테이징하고 커밋합니다. 커밋 메시지는 'add c'라고 지정했습니다.
그리고 git push 명령을 사용해 커밋을 원격 저장소에 올립
니다.

git commit 명령에서 -am 옵션을 사
용하면 스테이징과 커밋을 한꺼번에 할 수
있습니다.

```
$ git commit -am "add c"
$ git push
```

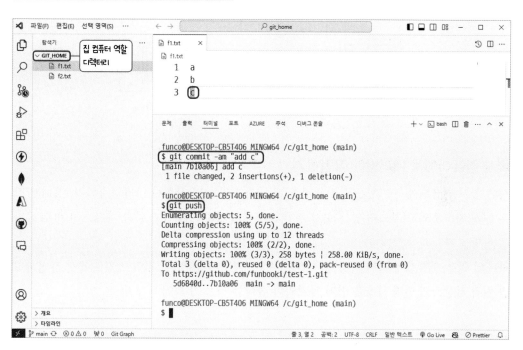

---

2. 이제 깃허브의 원격 저장소로 접속해서 커밋이 제대로 올라왔는지 확인해 볼까요? 파일 목록에서 f1.txt 오른쪽을 보면 방금 커밋한 메시지 add c가 보일 것입니다. 이렇게 원격 저장소의 내용을 복제한 지역 저장소에서 내용을 수정하고 커밋한 후 다시 원격 저장소에 올리면 됩니다.

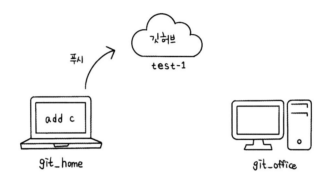

회사 컴퓨터에서 내려받아 작업하기

집에 있는 컴퓨터에서 커밋을 푸시해서 원격 저장소의 커밋 상황이 달라졌습니다. 그래서 같은 원격 저장소와 연결되어 있는 회사 컴퓨터에서 작업하려면 먼저 원격 저장소에 새로 올라온 커밋을 가져와야 합니다.

하나의 원격 저장소에 지역 저장소가 2개 이상 연결되어 있을 때, 지역 저장소에서 작업하려면 원격 저장소의 변경 사항을 먼저 가져와야 한다는 점을 꼭 기억해 두세요.

1. 앞에서 원격 저장소를 복제했기 때문에 git_office 저장소는 이미 origin에 연결되어 있습니다. git_office 디렉터리가 열려 있는 VS Code에서 git pull 명령을 사용해 원격 저장소에 새로 올라온 커밋을 가져옵니다.

```
$ git pull
```

```
문제  출력  터미널  포트  AZURE  주석  디버그 콘솔        + ∨  ⟩ bash  ▯ 🗑 ⋯  ∧ ✕

funco@DESKTOP-CB5T406 MINGW64 /c/git_office (main)
$ git pull
remote: Enumerating objects: 5, done.
remote: Counting objects: 100% (5/5), done.
remote: Compressing objects: 100% (2/2), done.
remote: Total 3 (delta 0), reused 3 (delta 0), pack-reused 0
Unpacking objects: 100% (3/3), 238 bytes | 14.00 KiB/s, done.
From https://github.com/funbooki/test-1
   5d6840d..7b10a06  main        -> origin/main
Updating 5d6840d..7b10a06
Fast-forward
 f1.txt | 3 ++-
 1 file changed, 2 insertions(+), 1 deletion(-)

funco@DESKTOP-CB5T406 MINGW64 /c/git_office (main)
$ ▮
```

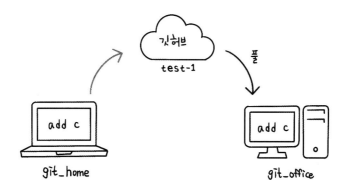

2. 이번에는 git_office 디렉터리에서 f1.txt 파일을 수정해 보겠습니다.
VS Code 탐색 창에서 f1.txt를 열면 집에 있는 컴퓨터(git_home)에서 수정했던 c가 포함되어 있을 것입니다. 회사 컴퓨터(git_office)에서는 영문자 'd'를 추가하고 저장합니다. 'add d'라는 메시지와 함께 커밋을 만들고 원격 저장소로 푸시합니다.

```
$ git commit -am "add d"
$ git push
```

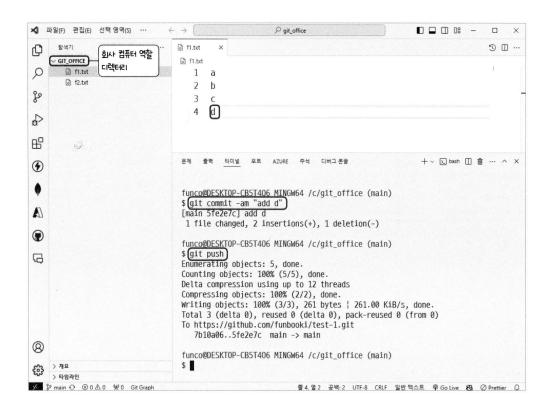

3. 웹 브라우저에서 깃허브로 가서 저장소 파일 목록을 살펴보세요. 'add d'라는 커밋 메시지
가 보일 것입니다. 커밋을 좀 더 자세하게 확인하고 싶다면 파일 목록 위에 있는 [5 Commits]
를 클릭해 보세요.

4. 저장소에 add c와 add d 커밋이 차례대로 올라와 있는 것을 확인할 수 있습니다.

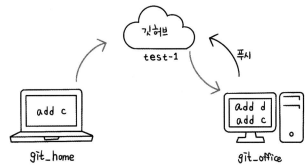

6. 다시 집 컴퓨터(git_home 디렉터리)에서 작업할 때는 git pull 명령으로 원격 저장소에 있는 최신 커밋을 가져와 작업을 시작합니다. git log 명령으로 확인해 보면 회사 컴퓨터(git_office 디렉터리)에서 푸시했던 'add d'라는 커밋이 집 컴퓨터에도 들어와 있을 것입니다.

```
$ git pull
$ git log
```

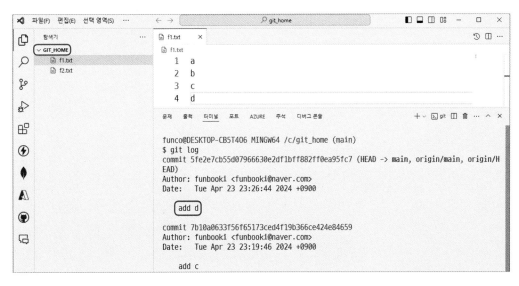

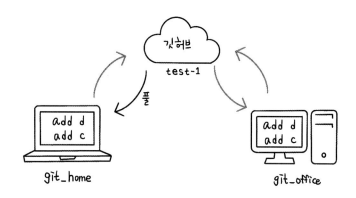

하나의 원격 저장소에서 컴퓨터를 2대 이상 연결해서 사용한다면 풀과 푸시를 습관화하는 것이 좋습니다. 그러면 어떤 컴퓨터에서 접속하든 항상 최신 소스를 유지할 수 있습니다.

② 원격 브랜치 정보 가져오기

git pull 명령은 원격 저장소의 최신 커밋을 지역 저장소에 합쳐 줍니다. 하지만 원격 저장소의 최신 커밋을 무조건 합치지 않고 원격 브랜치에서 어떤 변화가 있었는지 그 정보만 가져온 후 필요한 커밋만 합칠 수도 있습니다.

커밋과 브랜치 이해하기

지역 저장소의 main 브랜치처럼 원격 저장소를 만들 때도 main 브랜치가 기본으로 만들어집니다. 앞에서 git_home 저장소와 git_office 저장소로 원격 저장소를 복제한 상태로 계속 실습하면서 확인해 보겠습니다.

git_home 디렉터리와 git_office 디렉터리를 오가면서 실습하므로 디렉터리를 정확히 확인하면서 따라하세요.

1. git_home 디렉터리가 열려 있는 VS Code 터미널 창에서 git log 명령으로 커밋 상태를 확인해 보세요. 최종 커밋인 'add d' 앞에 (HEAD -> main, origin/main, origin/HEAD)라고 표시되어 있습니다.

```
$ cd ~/git_home
$ git log
```

여기에서 (HEAD -> main)은 이 커밋이 지역 저장소의 최종 커밋이라는 뜻이고, (origin/main)는 원격 저장소의 최종 커밋이라는 뜻입니다. 아직 git_home 디렉터리가 원격 저장소를 복제한 상태 그대로이므로 지역 저장소와 원격 저장소의 최종 커밋이 같습니다.

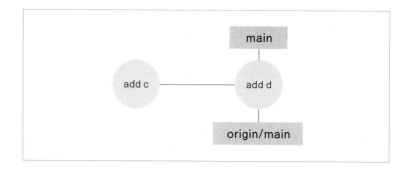

2. git_home 디렉터리에 새로운 커밋을 만들어 보겠습니다. f3.txt 파일을 만든 후 간단히 'a'라고 입력하겠습니다. 파일 내용은 어떤 것을 입력해도 상관없습니다. 여기에서는 새 파일을 만드는 것이 중요합니다. f3.txt를 스테이지에 올린 후 커밋을 만듭니다. 커밋 메시지는 'create f3.txt'라고 하겠습니다.

```
$ git add f3.txt
$ git commit -m "create f3.txt"
```

3. git log --oneline 명령을 사용해 커밋 로그를 한눈에 확인해 보겠습니다. (HEAD -> main)는 방금 커밋한 create f3.txt를 가리킵니다. 지역 저장소의 최종 커밋이 create f3.txt 커밋이라는 뜻입니다. 하지만 (origin/main, origin/HEAD)는 아직 add d 커밋을 가리키고 있죠?

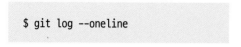

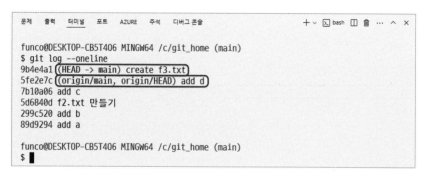

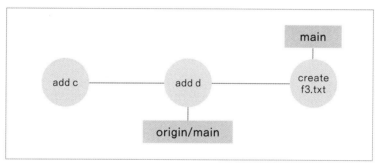

4. 이 상태에서 git status를 입력해 보세요. 현재 지역 저장소의 main 브랜치가 원격 main 브랜치의 버전보다 하나 앞서 있습니다. 그리고 git push 명령으로 지역 저장소의 커밋을 원격 저장소로 올리라고 알려 주네요.

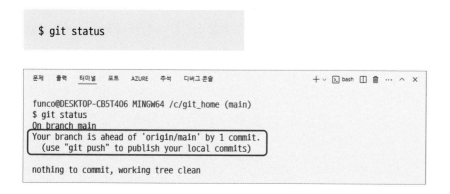

5. 지역 저장소의 커밋을 원격 저장소로 올리기 위해 이제 git push 명령을 사용하겠습니다. 그 후에 커밋 로그를 확인해 보세요. 푸시하기 전까지는 main 브랜치와 origin/main 브랜치가 가리키는 커밋이 달랐지만, 푸시한 후에는 main 브랜치와 origin/main 브랜치가 같은 커밋을 가리킵니다.

```
$ git push
$ git log --oneline
```

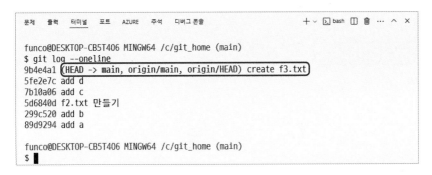

원격 브랜치 정보 가져오기 — git fetch

페치(fetch)는 '불러오다, 가져오다'라는 뜻입니다. 그래서 git fetch 명령은 원격 저장소의 정보를 가져오죠.

예를 들어 깃허브로 팀 작업을 할 때 다른 사람이 원격 저장소에서 수정한 내용을 가져와서 훑어본 후에 필요할 때만 지역 저장소에 합치는 상황을 생각해 보겠습니다. 이럴 경우 fetch 명령을 사용하면 변경된 내용을 가져오기만 할 수 있습니다.

1. 현재 깃허브 저장소에는 create f3.txt 커밋까지 올라간 상태입니다. 이번에는 회사 컴퓨터 저장소로 이동해서 진행하겠습니다. **git_office 디렉터리**가 열려 있는 VS Code로 이동합니다. 원격 저장소의 변경 내용을 가져오기 위해 git pull 명령을 사용해야겠지만 여기에서는 git fetch 명령을 입력하세요. 원격 저장소에서 무언가 가져올 것입니다.

```
$ git fetch
```

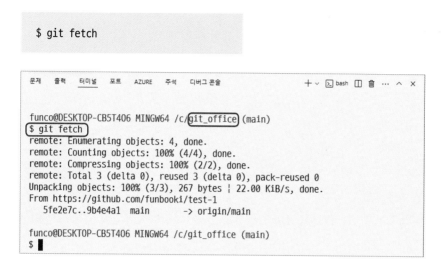

2. ls -al 명령을 사용해서 어떤 파일이 있는지 살펴보세요. 분명히 원격 저장소에 있던 커밋을 가져왔는데 git_home에서 원격 저장소로 푸시했던 f3.txt 파일이 보이지 않는군요.

```
$ ls -al
```

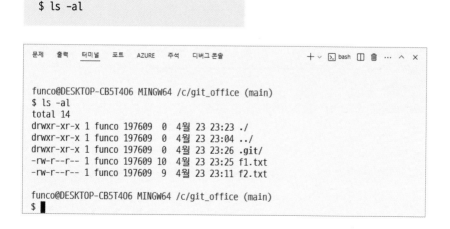

3. 어떻게 된 걸까요? git log 명령을 사용해서 커밋 로그를 살펴보겠습니다. 커밋 해시 오른쪽에는 (HEAD -> main)만 보이고 원격 저장소의 origin/main은 보이지 않습니다. 원격 저장소의 최신 커밋 정보를 가져왔지만 아직 지역 저장소에 합치지 않아 git_office에 있던 최신 커밋(HEAD -> main)만 나타나기 때문입니다.

```
$ git log --oneline
```

```
문제  출력  터미널  포트  AZURE  주석  디버그 콘솔                    + ∨  ▷ bash  ⊓ 🗑  …  ∧  ✕

funco@DESKTOP-CB5T406 MINGW64 /c/git_office (main)
$ git log --oneline
5fe2e7c (HEAD -> main) add d
7b10a06 add c
5d6840d f2.txt 만들기
299c520 add b
89d9294 add a

funco@DESKTOP-CB5T406 MINGW64 /c/git_office (main)
$ █
```

4. git status 명령으로 현재 깃의 상태를 확인해 보겠습니다. 현재 브랜치가 origin/main에 비해 커밋 1개가 뒤처져 있다고 나옵니다. 즉, 원격 저장소의 최신 커밋 하나가 아직 지역 저장소에 반영되지 않았다는 뜻입니다. git pull 명령을 사용하면 지역 저장소를 업데이트할 수 있다고 알려 주는군요.

```
$ git status
```

```
문제  출력  터미널  포트  AZURE  주석  디버그 콘솔                    + ∨  ▷ bash  ⊓ 🗑  …  ∧  ✕

funco@DESKTOP-CB5T406 MINGW64 /c/git_office (main)
$ git status
On branch main
Your branch is behind 'origin/main' by 1 commit, and can be fast-forwarded.
  (use "git pull" to update your local branch)

nothing to commit, working tree clean

funco@DESKTOP-CB5T406 MINGW64 /c/git_office (main)
$ █
```

5. 그렇다면 페치로 가져온 커밋 정보는 어떻게 확인할 수 있을까요? git diff 명령을 사용해서 현재 최신 커밋과 원격 저장소에서 가져온 커밋의 차이를 살펴보면 됩니다. HEAD는 현재 최신 커밋을 나타내고, origin/main은 원격 저장소에서 가져온(페치) 커밋을 나타냅니다. f3.txt 파일이 새로 생겼지요?

```
$ git diff HEAD origin/main
```

```
funco@DESKTOP-CB5T406 MINGW64 /c/git_office (main)
$ git diff HEAD origin/main
diff --git a/f3.txt b/f3.txt
new file mode 100644
index 0000000..2e65efe
--- /dev/null
+++ b/f3.txt
@@ -0,0 +1 @@
+a
\ No newline at end of file

funco@DESKTOP-CB5T406 MINGW64 /c/git_office (main)
$ []
```

6. 원격 저장소에서 가져온 커밋을 지역 저장소에 합치겠다고 결정했다면 merge 명령을 사용하면 됩니다.

```
$ git merge origin/main
```

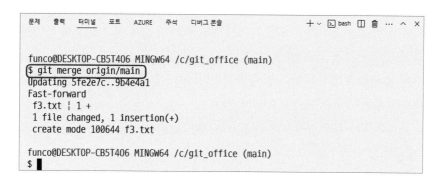

7. 다시 깃 로그를 살펴볼까요? 'create f3.txt'라는 최신 커밋이 지역 저장소에 반영된 것을 볼 수 있습니다.

git pull 명령은 git fetch 명령과 git merge origin/main 명령을 합친 것과 같은 기능입니다.

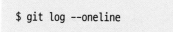

```
문제   출력   터미널   포트   AZURE   주석   디버그 콘솔                + ∨  ⧉ bash  ⊞ 🗑 ··· ∧ ×

funco@DESKTOP-CB5T406 MINGW64 /c/git_office (main)
$ git log --oneline
9b4e4a1 (HEAD -> main, origin/main, origin/HEAD) create f3.txt
5fe2e7c add d
7b10a06 add c
5d6840d f2.txt 만들기
299c520 add b
89d9294 add a

funco@DESKTOP-CB5T406 MINGW64 /c/git_office (main)
$ ▮
```

③ 협업의 기본 알아보기

깃허브 원격 저장소는 협업 도구로도 많이 사용합니다. 깃허브에 프로젝트를 위한 저장소를 만들고 사용자별로 작업을 나누어 진행할 수 있습니다. 협업 실습을 따라 해보기 전에 깃허브에서 협업이 이루어지는 기본 과정을 알아봅니다.

협업과 브랜치

깃허브 원격 저장소를 활용하면 한 장소에서 여러 사람이 함께 작업할 수 있습니다. 바로 브랜치 기능 덕분이죠. 앞에서 공부한 것처럼 브랜치란 main 브랜치와 구분짓는 작업을 하기 위해 코드를 분리하는 것(분기)을 말합니다.

협업은 프로젝트를 여러 역할로 나누어 각 팀원들에게 할당하고 나중에 이것을 모두 모아서 하나로 완성하는 과정입니다. 깃을 공부할 때 살펴봤던 브랜치의 동작 방법과 같죠? 그래서 깃허브로 협업을 할 때 팀원들은 자신이 맡은 업무에 따라 서로 다른 브랜치를 만들어서 필요한 작업을 하고 나중에 병합해서 메인 프로젝트에 합칩니다.

그래서 깃허브에서 협업하려면 여러 가지 약속이 필요합니다. 브랜치 이름을 어떻게 정할 것인지, 이슈 관리는 어떻게 할 것인지 등 처음부터 작업 규칙을 정해 놓고 시작해야죠.

협업에서 브랜치를 사용하는 과정을 그림으로 간단히 나타내면 다음과 같습니다.

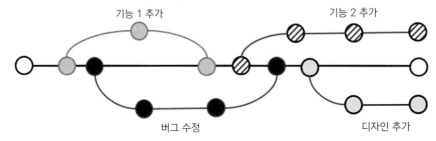

버전 관리와 브랜치

협업 과정

깃허브에서 협업하는 과정은 혼자 사용하는 컴퓨터에서 똑같이 따라 해보긴 어렵습니다. 하나의 컴퓨터에서 여러 깃허브 계정을 사용하려면 깃허브 인증이 꽤 까다롭거든요. 우선 깃허브에서 협업이 어떻게 이루어질지 전체 그림을 그려 보고 브랜치를 활용해서 협업을 연습해 보겠습니다.

1단계: 협업을 위한 저장소를 만듭니다

여기에서는 프로젝트를 책임지고 있는 팀장과 팀원 여러 명이 깃허브에서 협업한다고 가정해 보겠습니다. 가장 먼저 팀장(또는 다른 팀원)이 깃허브에 프로젝트 개발을 위한 저장소를 만듭니다.

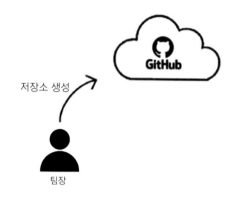

프로젝트를 위한 저장소 만들기

2단계: 팀원을 추가합니다

작업할 팀원들을 공동 작업자로 추가하고 역할을 할당합니다.

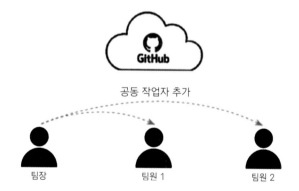

프로젝트 팀원 추가하기

3단계: 브랜치별로 커밋하고 푸시합니다

팀원들은 자신의 역할에 따라 원격 저장소에 브랜치를 만들고 각각 맡은 업무를 진행합니다. 팀원들은 자신의 컴퓨터에서 작업할 수 있도록 원격 저장소를 로컬 저장소로 복제한 후 풀(pull)과 푸시(push)를 반복하면서 맡은 업무를 마무리합니다.

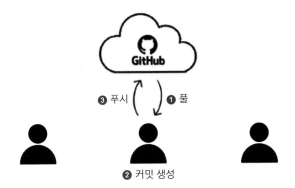

팀원별로 작업하기

4단계: 풀 리퀘스트를 요청합니다

팀원은 자신이 맡은 역할이 끝나면 깃허브에서 main 브랜치에 병합해 달라고 요청합니다. 이 과정을 **풀 리퀘스트**(pull request, PR)라고 하고 줄여서 PR이라고도 합니다.

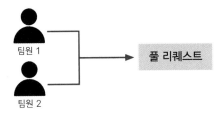

브랜치 병합을 위한 풀 리퀘스트 요청하기

5단계: 코드 리뷰 & 브랜치 병합

풀 리퀘스트한 내용을 팀장이나 다른 팀원들이 리뷰합니다. 개발 내용에 문제는 없는지, 더 추가해야 할 것은 없는지 살펴봅니다. 만일 추가 작업이 필요하다면 담당한 팀원이 다시 작업한 후 다시 풀 리퀘스트를 요청합니다

코드 리뷰에서 문제가 없어 풀 리퀘스트를 수락하면 브랜치의 내용이 main 브랜치로 병합됩니다.

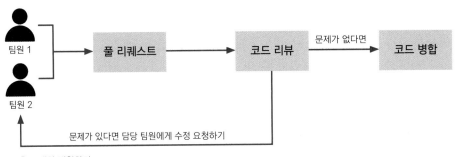

코드 리뷰 후 브랜치 병합하기

④ 원격 저장소에서 협업하기

이제 깃허브의 협업 과정을 연습해 보겠습니다. 여기에서는 웹 사이트를 만드는 프로젝트를 진행한다고 가정하고, 혼자서 팀장 또는 팀원도 되어 보면서 협업 과정에서 발생하는 여러 상황을 처리해 보겠습니다. 협업 과정을 완벽하게 따라 할 수는 없지만 깃허브에서 협업이 어떻게 이루어지는지 전체 흐름은 살펴볼 수 있을 것입니다.

협업을 위한 저장소 만들기

여기에서는 팀장과 팀원들이 깃허브에서 협업할 것입니다. 먼저 여러분이 팀장 역할을 맡아 저장소를 만듭니다.

1. 깃허브에서 새 저장소를 만듭니다. 저장소 이름은 project로 하고 [Add a README file]에 체크한 후 [Create repository]를 클릭합니다. README 파일을 만들지 않으면 아무 커밋도 없는 상태이므로 main 브랜치가 생기지 않습니다.

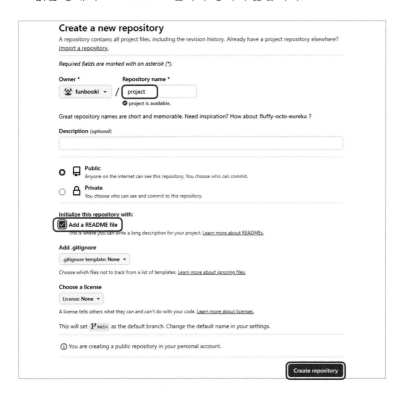

2. README 파일에 대해서는 6-2절에서 설명할 것이므로 여기에서는 main 브랜치가 만들어지는 것만 확인하세요.

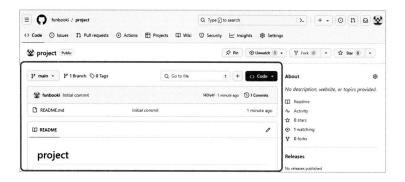

공동 작업자 추가하기

이제 프로젝트를 함께 수행할 팀원을 추가해야 합니다. 이 과정은 앞서 설명했듯이 여러 개의 계정이 여러 개 필요하므로 혼자서 따라 해보기는 어렵습니다. 여기에서는 어떻게 진행되는지만 살펴보고 실제로 협업할 때 활용해 보세요.

1. 원격 저장소를 만들고 브랜치까지 만들었다면 이제 같이 작업할 공동 작업자를 추가하면 됩니다. 원격 저장소를 관리하는 사람(예를 들어 팀장)이 manual 저장소에서 [Settings]를 클릭합니다.

2. 왼쪽 항목에서 [Collaborators]를 선택한 후 [Add People]을 클릭하면 원격 저장소를 같이 사용하고 커밋할 수 있는 작업자를 추가할 수 있습니다.

🐵 깃허브 계정의 비밀번호를 입력하라는 화면이 나타날 수 있습니다. 비밀번호를 입력하고 이어서 진행하면 됩니다.

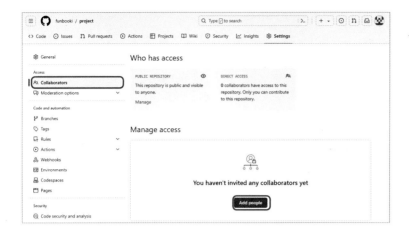

3. 공동 작업자의 이메일 주소를 입력하다 보면 입력 창 아래에 완성된 이메일 주소가 나타납니다. 완성된 이메일 주소를 클릭한 후 [Add *메일 주소 또는 사용자 이름* to this repository]를 클릭합니다.

4. 같은 방법으로 공동 작업자를 계속 추가할 수 있습니다.

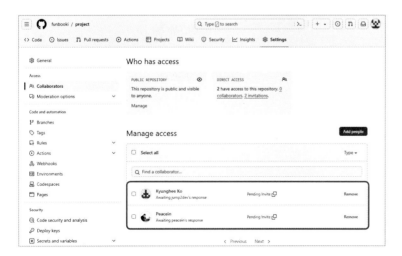

5. 저장소에 초대받은 사용자는 협업자로 초대됐다는 이메일과 깃허브 메시지를 받는데, 깃
허브 메시지 화면에서 [Accept invitation]을 클릭해 초대를 수락합니다.

프로젝트 관리하기 — 팀장 역할

깃허브 저장소에 공동 작업자들이 모두 추가되었다면 프로젝트를 시작할 수 있습니다. 프로
젝트에서 진행할 일을 정리하고, 팀원마다 담당할 작업을   프로젝트 관리는 팀원이 할 수도 있습
배정해 보겠습니다.   니다.

1. 먼저 새로운 프로젝트를 생성합니다. 깃허브 저장소의 파일 목록 위에 있는 여러 가지 메뉴
중에서 [Projects]를 선택합니다. 그리고 [Link a project] 오른쪽의 ▼를 클릭한 후 [New
project]를 선택합니다. 그리고 [New project]로 변경된 버튼을 클릭합니다.

2. Projects 메뉴에 처음 접속하면 Projects 기능을 설명하는 창이 나타납니다. [Jump right in]을 클릭해서 정보 창을 닫습니다.

3. 깃허브에서는 '프로젝트 보드'라고 하는 프로젝트 관리 도구를 다양하게 지원합니다. [Featured] 항목에는 자주 사용하는 도구들이 나열되어 있습니다. 여기에서는 팀 플래닝을 사용할 것이므로 [Team planning]을 선택합니다.

회사마다 사용하는 프로젝트 관리 도구가 다르므로 도구 사용 방법보다 전체 협업 흐름을 살펴보세요.

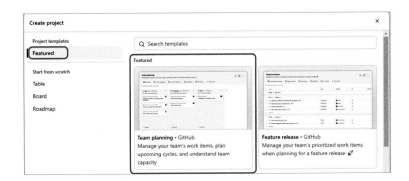

4. 프로젝트 이름을 입력하고 [Create project]를 클릭합니다.

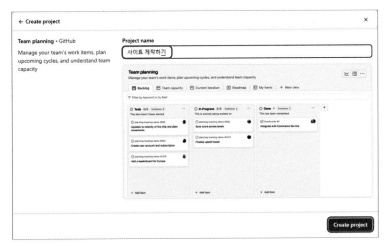

5. Team planning 보드는 Todo(해야 할 일), In Progress(진행 중인 일), Done(완료한 일)로 나뉩니다. 먼저 프로젝트에서 어떤 일을 진행할지 기록해야 합니다. [Todo] 열에 있는 [Add item]을 클릭합니다.

6. 화면 아래쪽에 해야 할 일을 적고 [Enter]를 눌러 추가합니다. 처음부터 모든 것을 기록할 필요는 없고 작업하면서 중간에 처리할 일이 생기면 다시 이 화면으로 돌아와 추가할 수 있습니다. 2, 3가지 추가해 보세요.

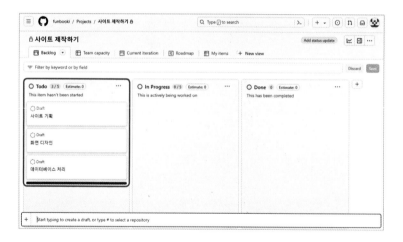

7. 해야 할 일 항목 위로 마우스 포인터를 올려놓아 ••• 아이콘이 나타나면 클릭한 후 [Convert to issue]를 선택합니다.

깃허브의 이슈는 여러 가지 작업이나 기능 요청, 개선 사항 등을 관리하는 기능을 말하며, 여러 용도로 활용할 수 있습니다.

8. 이슈를 할당할 저장소를 선택합니다. 여기에서는 앞에서 만들었던 [project]를 선택합니다.

9. 이슈가 등록되었으니 이슈 화면으로 이동하겠습니다. 다시 한번 ••• 를 클릭한 후 [Open in new tab]을 선택합니다.

10. 방금 등록한 이슈 화면이 나타납니다. 화면 오른쪽 윗부분에 현재 이슈를 누가 담당할지를 지정하는 부분이 있습니다. 여기에서는 혼자 작업해서 [assign yourself]라고 나타나지만 실제 협업 과정에서는 공동 작업자들이 모두 나열됩니다. 담당할 사람으로 [assign yourself]를 클릭합니다. 여기까지 따라 왔다면 프로젝트에서 필요한 작업과 담당자를 할당하는 것까지 마쳤습니다.

브랜치 만들기 — 팀원 역할

이제부터 여러분은 팀원의 역할을 하는데 깃허브 설정을 따로 바꿀 필요는 없고 스스로 팀원이라고 마음만 바꾸면 됩니다.

1. 깃허브에 로그인한 후 프로젝트를 위해 만들어 놓은 저장소로 찾아갑니다. 그리고 [Projects] 탭을 클릭합니다.

2. 팀장이 정리해 놓은 '사이트 제작하기'라는 프로젝트를 선택합니다.

3. 여러분에게 할당된 작업을 해야겠죠? [Todo] 열에 나열된 작업에는 할당된 작업자의 깃허브 계정이 표시되어 있습니다. 자신에게 할당된 작업 이름 위로 마우스 포인터를 올려서 •••를 클릭한 후 [Open in new tab]을 선택합니다.

4. 이슈 화면이 열립니다. 현재 이슈의 브랜치를 만들기 위해 화면 오른쪽 사이드바에서 [Create a branch] 링크를 클릭합니다.

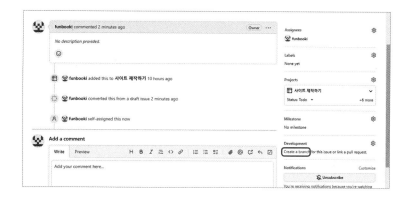

5. 브랜치 이름을 지정하고 [Create branch]를 클릭합니다. 사이트를 기획하기 위해 브랜치 이름은 'plan'이라고 하겠습니다.

👁 브랜치 이름은 프로젝트를 시작하기 전에 미리 상의해 놓는 것이 좋습니다.

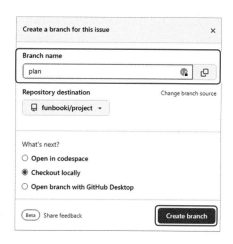

6. 작은 창이 열리면서 원격 저장소를 페치한 후 plan 브랜치로 전환하는 방법이 표시됩니다. 우리는 지역 저장소로 복제하는 방법을 사용할 것이므로 이 창은 그냥 닫으면 됩니다.

지역 저장소에서 작업하고 푸시하기

원격 저장소에 자신이 작업할 브랜치까지 만들었으므로 이제 지역 저장소를 만들고 복제하겠습니다

1. VS Code를 열고 작업 중인 폴더가 있다면 [파일] → [폴더 닫기]를 선택해서 폴더를 닫습니다. 이어서 VS Code 터미널 창을 열고 지역 저장소를 만들 위치로 이동한 후 다음과 같이 입력해서 원격 저장소와 연결합니다. 🐱💬 깃허브 복제 과정이 기억나지 않는다면 166쪽을 참고하세요.

```
$ git clone 원격 저장소 주소
```

2. 윈도우 탐색기를 보면 지정한 위치에 방금 복제한 저장소가 project라는 디렉터리로 만들어졌을 것입니다. project 디렉터리를 VS Code로 드래그해서 작업 폴더로 추가합니다. 🐱💬 VS Code에서 [파일] → [폴더 열기]를 선택해서 project 폴더를 선택해도 됩니다.

3. VS Code 터미널 창에서 다음과 같이 입력해서 plan 브랜치를 만든 후 전환합니다. 🐱💬 깃허브에는 plan 브랜치를 만들었지만 지역 저장소에는 아직 plan 브랜치가 없습니다.

```
$ git switch plan
```

4. plan 브랜치가 새로 만들어지면서 원격 저장소의 plan 브랜치와 연결됩니다. 이것을 지역 브랜치가 원격 브랜치를 트래킹(tracking)한다고 합니다.

5. 간단한 기획 문서를 작성해 보겠습니다. project 폴더에 plan-1.txt 파일을 만들고 'plan 1'이라고 작성한 후 저장합니다. 그리고 파일을 스테이지에 올린 후 "plan-1"이라는 메시지와 함께 커밋합니다.

6. 원격 저장소로 푸시하겠습니다. 앞의 4번 과정에서 지역 저장소의 plan 브랜치가 원격 저장소의 plan 브랜치와 연결된 것을 확인했으므로 간단히 git push 명령으로 푸시할 수 있습니다. 할당받은 작업을 모두 마칠 때까지 이 과정을 반복합니다.

```
$ git push
```

```
funco@DESKTOP-CB5T406 MINGW64 /c/project (plan)
$ git push
Enumerating objects: 4, done.
Counting objects: 100% (4/4), done.
Delta compression using up to 12 threads
Compressing objects: 100% (2/2), done.
Writing objects: 100% (3/3), 273 bytes | 273.00 KiB/s, done.
Total 3 (delta 0), reused 0 (delta 0), pack-reused 0 (from 0)
To https://github.com/funbooki/project
   f40fe4f..b76d546  plan -> plan
```

한 걸음 더!

원격 저장소에 없는 브랜치로 푸시하려면?

브랜치를 지역 저장소에서 새로 만들었다면 원격 브랜치를 트래킹하지 않습니다. 이럴 경우에는 처음 푸시할 때 다음과 같이 브랜치 이름을 지정해야 원격 저장소에 해당 브랜치가 생깁니다.

```
git push -u origin 브랜치명
```

풀 리퀘스트 요청하기

공동 작업에서 커밋을 푸시한 후에 꼭 해야 할 작업이 있습니다. 자신이 푸시한 작업을 확인하고 main 브랜치로 병합해 달라고 요청하는 것입니다. 이것을 풀 리퀘스트라고 합니다.

1. 커밋을 푸시했다면 깃허브 저장소로 접속합니다. 저장소의 첫 화면에는 main 브랜치가 나타나는데 앞에서 푸시한 plan-1.txt 파일이 없을 것입니다. [main]을 클릭한 후 [plan]을 선택해서 plan 브랜치로 이동하겠습니다.

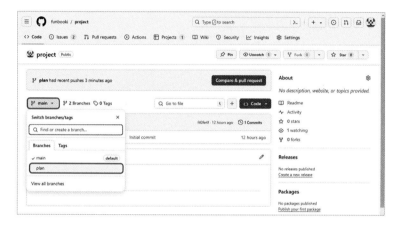

2. plan 브랜치에 plan-1.txt 파일이 올라와 있습니다. 이 파일을 풀 리퀘스트해 보겠습니다. 브랜치에 새로운 커밋이 올라오면 화면 위쪽에 풀 리퀘스트 버튼이 나타납니다. [Compare & pull request]를 클릭합니다.

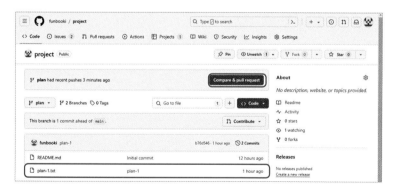

3. 풀 리퀘스트 제목과 내용을 입력합니다. 이때 마크다운을 사용할 수도 있고 필요하다면 이미지나 파일을 첨부할 수도 있습니다. 🐳 마크다운은 6-2절에서 자세히 설명합니다.

풀 리퀘스트 화면 오른쪽에 Reviews 항목은 공동 작업자들이 내 커밋을 검토할 수 있게 지정하는 곳입니다. 팀장이든 다른 팀원이든 특정한 사람을 지정할 수 있습니다. 여기에서는 혼자 연습 중이므로 비어 있습니다.

풀 리퀘스트 내용을 모두 작성했다면 [Create pull request]를 클릭합니다

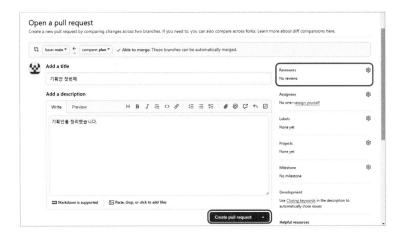

4. 풀 리퀘스트 화면으로 이동합니다. 이제 팀원으로서의 역할이 끝났습니다.

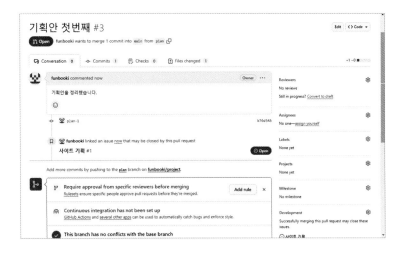

풀 리퀘스트 검토하고 브랜치 병합하기 ─ 팀장/리뷰어 역할

팀원들이 작업물을 푸시하고 풀 리퀘스트를 등록하면 팀장이나 해당 작업의 리뷰어가 작업물을 검토할 수 있습니다. 제대로 작업했다면 main 브랜치로 병합하고, 수정하거나 추가할 부분이 있다면 해당 내용을 기록하고 재작업하도록 할 수 있습니다.

1. 다시 팀장 역할로 돌아오겠습니다. 공동 작업자 가운데 누군가 풀 리퀘스트를 등록했다면 검토해야 합니다. 깃허브 저장소에 접속하면 화면의 Pull request 메뉴에 숫자가 붙어 있는데 이는 풀 리퀘스트가 몇 개인지를 나타냅니다. [Pull requests]를 클릭하세요.

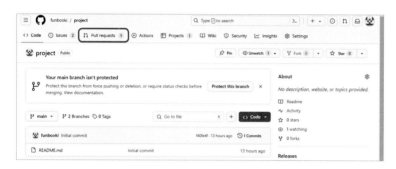

2. 진행 중인 풀 리퀘스트는 Open이라 하고 처리된 풀 리퀘스트는 Closed되었다고 합니다. 기본적으로 Open 상태의 풀 리퀘스트가 표시됩니다. 처리할 풀 리퀘스트 제목을 클릭합니다.

이미 병합이 끝난 풀 리퀘스트를 살펴보고 싶다면 풀 리퀘스트 목록 위에 있는 [Closed] 링크를 클릭합니다.

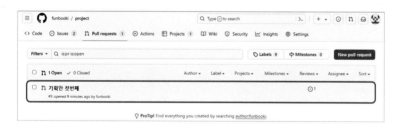

3. 풀 리퀘스트 화면에도 여러 탭이 있습니다. 처음 표시되는 [Conversation] 탭에는 작업자가 남긴 메시지가 나타납니다. 풀 리퀘스트에 [Open]이라고 현재 상태가 표시됩니다.

파일이 어떻게 바뀌었는지 확인하고 싶다면 네번째 탭인 [Files changed]를 클릭해서 볼수 있습니다.

4. 현재 커밋을 병합해도 되겠다고 생각한다면 [Conversations] 탭에 있는 [Merge pull request]를 클릭합니다.

5. main 브랜치에 병합하는 커밋 메시지를 작성합니다. 기본적인 커밋 제목과 내용이 나타나는데 기본 내용을 그대로 쓰거나 수정할 수 있습니다. [Confirm merge]를 클릭합니다.

6. plan 브랜치를 만들었던 목적이 기획안을 작성하는 것이었죠? 기획 작업을 마치고 main 브랜치에 병합했으므로 plan 브랜치는 더 이상 필요하지 않습니다. [Delete branch]를 클릭해서 브랜치를 삭제합니다.

🐱 브랜치 병합이 끝나면 풀 리퀘스트 제목 왼쪽에 [Merged]라고 상태가 표시됩니다.

7. 이제 저장소 첫 화면으로 이동해 보세요. plan 브랜치에 푸시했던 plan-1.txt가 main 브랜치에 병합되어 있습니다.

🐱 깃허브의 풀 리퀘스트 충돌은 다음 영상을 참고하세요(https://opentutorials.org/module/5083).

👟 **한 걸음 더!**

삭제한 브랜치 되돌리기

더 이상 사용하지 않는 브랜치를 저장소에 남겨 두면 복잡해지므로 삭제하는 것이 좋습니다. 하지만 삭제했다고 해서 저장소에서 완전히 사라지는 것은 아닙니다. 나중에라도 삭제한 브랜치가 필요하다면 풀 리퀘스트 화면으로 돌아와 [Restore branch]를 클릭해서 되돌릴 수 있습니다.

이 장에서 배운 명령 가운데 꼭 기억해야 할 것을 모아 놓았습니다. 오랫동안 기억할 수 있도록 설명을 참고해서 명령을 완성해 보세요. 잘 기억나지 않는다면 해당하는 페이지로 돌아가 복습해 보세요.

1. **git c**_____ : 원격 저장소를 myhome이라는 지역 저장소로 복제합니다. ➔ 166쪽

2. **git p**_____ : 원격 저장소의 최신 커밋을 가져옵니다. ➔ 170쪽

3. **git f**_____ : 원격 저장소의 커밋을 가져오기만 하고 병합하진 않습니다. ➔ 178쪽

4. **git di**_____ : 페치로 가져온 정보와 최신 커밋의 차이를 살펴봅니다. ➔ 180쪽

5. 협업 저장소에 커밋을 올리고 리뷰를 위한 메시지를 남기는 것을 **풀**_____라고 합니다.
   ➔ 197쪽

정답
① clone 저장소 주소 myhome ② pull ③ fetch ④ diff HEAD origin/main
⑤ 풀 리퀘스트(pull request) 또는 PR

6

깃허브에서
다른 사람과 소통하기

깃허브는 자신이 커밋한 코드를 보여 줄 수 있을 뿐만 아니라 다른 개발자들과
여러 의견을 나눌 수 있는 공간입니다. 저장소를 소개하는 README 문서를
비롯해 깃허브에서 해온 활동을 요약해 프로필을 관리한다면 다른 개발자들
이 내 저장소의 코드를 더 쉽게 파악하고 의견을 줄 수 있습니다. 또한 전 세계
에서 내로라하는 오픈 소스가 깃허브에 많이 모여 있으므로 이 소스를 참고해
서 공부하기도 좋습니다. 이 장에서는 오픈 소스 프로젝트에 참여하면서 여러
분의 깃허브 활동을 풍부하게 만드는 방법을 알아보겠습니다.

① 깃허브 프로필 관리하기

깃허브에 커밋을 꾸준히 쌓아 놓으면 자신이 맡은 프로젝트를 성실하게 관리하는 모습을 보여 줄 수 있습니다. 이처럼 깃허브에서 자신의 개발 이력을 드러낼 수 있는 프로필 관리 방법을 알아보겠습니다.

프로필 둘러보기

깃허브에서 다른 사람의 저장소를 살펴보다가 흥미로운 소스를 발견한다면 먼저 작성한 사람이 어떤 사람인지 궁금해지죠? 그럴 때는 사용자의 프로필 화면을 확인하면 됩니다. 깃허브 프로필은 내용을 보고 협업이나 일자리 제안을 받을 수도 있으므로 개발자로서 자신의 개발 경력을 드러낼 수 있는 손쉬운 방법이기도 합니다.

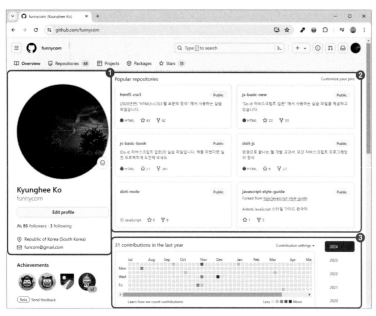

깃허브 프로필 화면

❶ 이름과 사진을 비롯해서 개인 정보를 표시합니다.

❷ 관리하는 저장소가 나타납니다.

❸ 사용자가 깃허브에서 얼마나 열심히 활동했는지를 보여 줍니다. 커밋 수가 많을수록 짙은 초록색으로 나타납니다.

프로필 작성하기

깃허브 저장소는 대부분 공개되어 있으므로 누구나 찾아와서 볼 수 있습니다. 기본 프로필은 작성해 두는 것이 좋겠지요?

1. 'https://github.com/아이디'로 접속하면 해당 아이디 사용자의 프로필 사진을 비롯해 저장소 목록과 커밋 현황 등 다양한 정보를 보여 주는 화면이 나타납니다. 화면 왼쪽 위에 있는 프로필 사진을 클릭합니다.

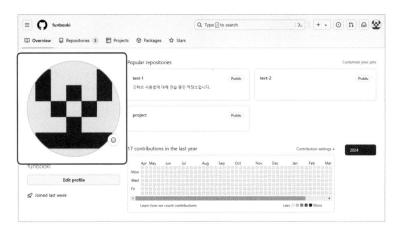

2. 화면 오른쪽에서 프로필 이미지 아래에 있는 [Edit] → [Upload a photo...]를 클릭하세요.

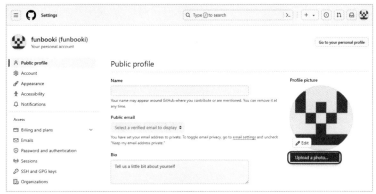

🐾 프로필 사진을 삭제하려면 [Edit] → [Remove photo]를 선택합니다.

3. 준비한 프로필 사진을 선택한 후 [열기] → [Set new profile picture]를 클릭해서 사진을 올립니다. 사진의 크기나 위치를 조절한 후 [Set new profile picture]를 클릭합니다.

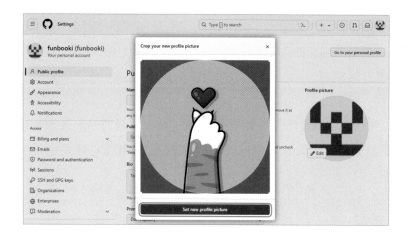

4. 그 밖에 공개할 사용자 정보를 추가로 입력하고 [Update profile]을 클릭합니다.

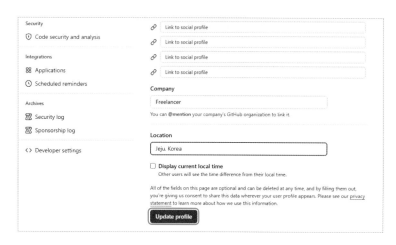

5. 프로필 화면 왼쪽에 지금까지 작성한 정보가 나타납니다. 이제 다른 사용자가 자신의 저장소에 방문했을 때 프로필 화면에서 여러분이 누구인지 알 수 있겠죠?

컨트리뷰션 살펴보기

깃허브에서 **컨트리뷰션**(contribution)이란 자신의 깃허브에 커밋을 올리는 것뿐만 아니라, 다른 오픈 소스 프로젝트에 PR을 등록하는 것처럼 깃허브에서 하는 모든 활동을 가리킵니다. 깃허브 프로필 화면에서 초록색 사각형이 찍힌 부분을 컨트리뷰션 그래프(contribution graph)라고 하는데, 이 그래프를 보면 사용자가 깃허브에서 1년 동안 얼마나 활발하게 활동했는지를 알 수 있습니다.

깃허브 사용자들끼리는 컨트리뷰션 그래프에 초록색 사각형을 채워 가는 것을 '깃허브에 잔디를 심는다'라고 얘기하곤 합니다.

깃허브 컨트리뷰션(활동) 개요

작은 사각형 하나가 하루에 해당하고, 컨트리뷰션이 있는 날에는 사각형에 초록색이 칠해집니다. 초록색이 진할수록 그날 컨트리뷰션이 많았다는 뜻입니다. 사각형 위로 마우스 포인터를 올려놓으면 날짜와 컨트리뷰션 개수가 나타나고, 사각형을 클릭하면 그래프 아래에 선택한 날짜의 컨트리뷰션 활동이 나열됩니다. 이렇게 컨트리뷰션 그래프에서는 사용자의 활동 내역이 한눈에 보이므로 이력서 역할을 합니다.

컨트리뷰션에는 개인이 작성한 소스 코드를 커밋하거나 오픈 소스 프로젝트에 기여하는 커밋 모두 포함됩니다. 어느 쪽이든 생각날 때만 참여한다면 컨트리뷰션 그래프가 아주 허전하겠지요? 그래서 프로그래밍 공부를 하면서 '1일 1커밋'을 목표로 날마다 조금이라도 코딩하려고 노력하는 사람도 있습니다. 물론 초록색을 채우기 위해 쓸모 없는 커밋을 해서는 안 되겠지요?

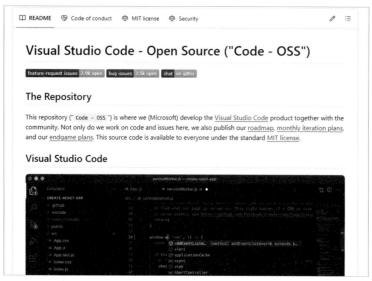

② README 파일 작성하면서 마크다운 익히기

공개된 깃허브 저장소는 전 세계 누구나 구경할 수 있어서 활동할수록 방문하는 사람이 늘어날 것입니다. 하지만 프로필과 컨트리뷰션 그래프만 살펴보는 것으로는 그 저장소가 어떤 곳인지 구체적으로 알기 어렵습니다. 그래서 방문자가 편하게 자기 저장소를 살펴볼 수 있도록 안내문을 만들어 첫 화면에 띄워 두는데, 이 문서를 README 파일이라고 합니다. 지금까지 파일을 커밋하는 방법만 알아봤으므로 README.md 부분은 비어 있을 것입니다. README 파일을 작성하는 방법을 알아보겠습니다.

README 파일은 어떤 용도로 사용할까?

README 파일을 작성하기 전에 다른 저장소에서는 README 파일을 어떻게 사용하는지 살펴보겠습니다. README 파일은 마크다운(markdown) 문법을 사용하므로 확장자는 .md를 사용합니다.

깃허브 저장소의 README 파일은 해당 저장소를 소개하는 공간입니다. 예를 들어 VS Code 편집기의 공식 깃허브 저장소인 https://github.com/microsoft/vscode-docs로 접속해 보면 README에서 VS Code와 관련한 내용을 제공하고 있습니다. 마치 한 권의 책을 보는 것 같죠?

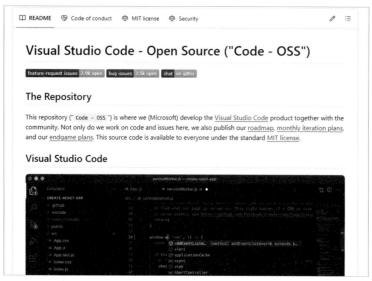

오픈 소스의 사용법을 소개하는 README

README 파일 작성하기

README 파일은 처음에 저장소를 만들 때 저장소 이름을 입력하고 [Add a README file]에 체크하면 자동으로 만들 수 있습니다.

이렇게 만든 README 파일에는 저장소 이름만 들어가 있습니다. 이 파일을 수정하려면 README 내용 오른쪽 위에 있는 ✎ 를 클릭한 후 작성하면 됩니다.

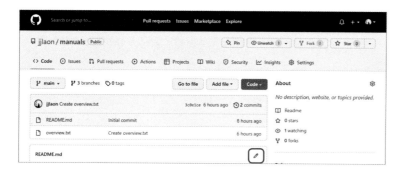

하지만 README 파일은 처음부터 만들지 않더라도 저장소에서 필요할 때 추가할 수도 있습니다. 여기에서는 미리 만들어 놓은 저장소에 새로 README 파일을 추가하는 방법을 살펴보겠습니다.

1. 먼저 README 파일을 만들 깃허브의 저장소로 접속합니다. 여러분이 만들어 놓은 어떤 저장소든 상관없습니다. 여기에서는 책의 앞부분에서 만들었던 test-1 저장소를 사용하겠습니다. 파일 목록 아래에 있는 [Add a README]를 클릭하면 README 새 파일을 만들 수 있습니다.

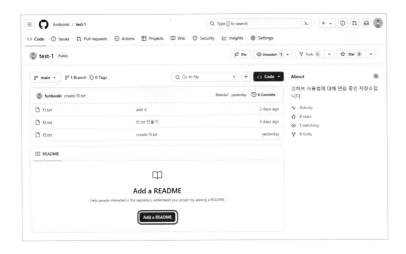

2. 텍스트 편집기에 원하는 내용을 입력합니다. 이때 ⌜Enter⌟를 두 번 눌러 가운데 빈 줄을 하나 넣어야 실제 화면에서 줄이 바뀌어 나타납니다.

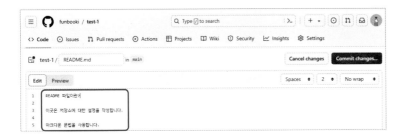

3. README 파일 작성 화면에는 [Edit] 탭과 [Preview] 탭이 있습니다. [Edit] 탭에서 내용을 작성하고 [Preview] 탭을 클릭해 보세요. 결과 화면을 미리 볼 수 있습니다. 미리 보기가 마음에 들었다면 [Commit changes...]를 클릭합니다.

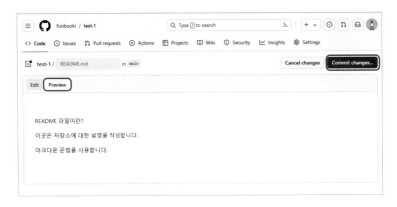

4. README 파일을 작성하거나 수정하는 것도 하나의 커밋이 되겠죠? README 파일을 저장소에 저장하려면 커밋해야 합니다. 커밋할 때는 README 작성 화면 아래쪽에서 커밋 메시지를 작성하면 되는데, 기본으로 적힌 커밋 메시지를 그대로 사용할 수도 있고 직접 입력할 수도 있습니다. 작성을 끝내고 [Commit changes]을 클릭해 커밋합니다.

5. 커밋이 추가되면서 자동으로 저장소 첫 화면으로 돌아옵니다. 파일 목록에는 방금 추가한 README.md 파일이 보이고, 아래에는 작성한 README 파일의 내용이 나타날 것입니다.

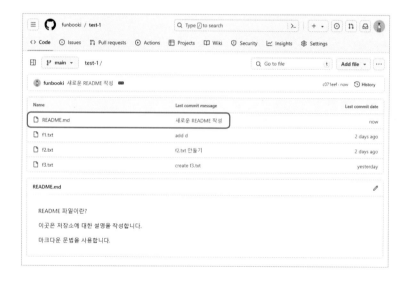

마크다운 기본 문법 알아보기

README 파일의 확장자가 .md인 것은 **마크다운**(markdown)이라는 형식으로 작성되기 때문입니다. 마크다운은 사용하기 쉽고 HTML 태그에 비해 간단해서 문서 작성이 편리합니다. 단, 마크다운을 지원하는 프로그램이나 사이트에서만 사용할 수 있습니다. 깃허브에서 README.md 파일을 작성할 때 자주 사용하는 몇 가지 마크다운 문법을 간단히 살펴보겠습니다.

깃허브에서 사용하는 마크다운 문법을 자세히 알고 싶다면 https://help.github.com/en/articles/basic-writing-andfor-matting-syntax를 참고하세요.

저장소에 표시된 README 파일의 [Edit README] ✏️ 아이콘을 클릭하면 파일을 수정할 수 있습니다. 수정 기능을 활용해 지금부터 설명할 마크다운 문법을 연습해 보겠습니다. 마크다운 코드를 연습하면서 커밋할 필요는 없습니다. [Edit] 탭에서 마크다운 코드를 입력하고 [Preview] 탭에서 결과를 확인해 보세요.

제목 입력하기

제목을 입력할 때는 텍스트 앞에 #을 붙입니다. 이때 #과 텍스트 사이에는 여백이 있어야 합니다 #을 1~6개까지 붙여서 제목 글자 크기를 정하는데, 하나를 붙였을 때 가장 큰 제목이고 # 개수가 늘어날수록 제목 글자 크기는 한 단계씩 작아집니다. 1단계와 2단계 제목까지는 제목 아래에 가로줄이 그려집니다.

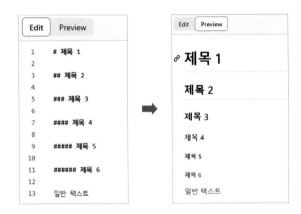

가로줄 넣기

내용에 가로줄을 추가하려면 –나 *를 3개 이상 입력하면 됩니다.

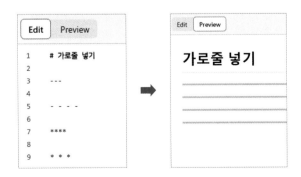

텍스트 단락 줄 바꾸기

앞에서도 설명한 것처럼 텍스트 단락에서 줄을 바꿀 때는 Enter 를 두 번 눌러야 합니다.

순서 목록 입력하기

순서가 있는 목록은 1, 2, …처럼 번호를 붙여서 나타낼 수 있습니다. 목록은 전체가 하나의 단락이므로 Enter 를 한 번 눌러서 줄을 바꿉니다. 숫자와 내용 사이에는 띄어 써야 합니다.

> 순서 목록을 작성할 때 1, 3, 2, 5, 4처럼 번호를 순서 없이 작성해도 결과 화면에는 1, 2, 3, 4, 5처럼 순서대로 나타납니다.

순서 없는 목록 입력하기

순서가 없는 목록에서는 +나 – 또는 *를 붙여서 나열하면 글머리 기호가 자동으로 붙습니다. +나 –, * 기호와 내용은 띄어 써야 합니다.

> 순서 없는 목록에서는 +나 - 또는 *를 구별하지 않고 섞어 써도 상관없습니다.

순서 없는 목록에서 [Tab]을 눌러 항목을 들여 쓰면 여러 단계로 이루어진 목록을 만들 수 있습니다.

텍스트 꾸미기

텍스트의 일부분을 굵게 또는 기울임체로 표시하거나, 더 이상 사용하지 않을 내용에 취소선을 그릴 수 있습니다. 이때 기호와 내용 사이에 공백이 없어야 합니다.

- **굵게**: 굵게 나타낼 텍스트의 앞뒤를 ** 또는 __로 감쌉니다.
- **기울임체**: 기울임체로 나타낼 텍스트의 앞뒤를 * 또는 _로 감쌉니다.
- **굵은 기울임체**: 굵은 기울임체로 나타낼 텍스트의 앞뒤를 *** 또는 ___로 감쌉니다.
- **취소선**: 취소선을 나타낼 텍스트의 앞뒤를 ~로 감쌉니다.

소스 코드 입력하기

텍스트 사이에 소스 코드를 삽입하려면 백틱(`) 기호를 사용합니다. 이 기호는 작은따옴표가 아니라 키보드에서 [1] 왼쪽에 있는 [~]로, 흔히 백틱(backtick)이라고 합니다.

'의 정식 명칭은 그레이브(grave)지만 흔히 백틱, 백쿼트(backquote) 등으로 부릅니다.

문서에서 소스 코드로 표시하면 좋은 이유는 우선 글꼴이 고정폭으로 표시되어 보기에 편하고, 숫자 0과 영문자 O 등을 정확하게 구별해서 표시하기 때문입니다.

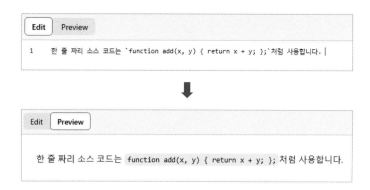

여러 줄짜리 소스를 넣으려면 소스의 앞과 뒤에 백틱을 3개씩 붙이면 됩니다. 이때 코드 시작 부분에 자바스크립트(Javascript)나 파이썬(Python)처럼 사용하는 프로그래밍 언어를 함께 지정하면 그 언어에 맞는 소스 형태로 표시됩니다.

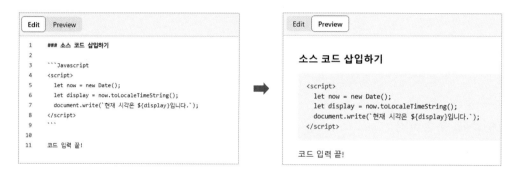

링크 입력하기

링크 주소는 다음처럼 여러 가지 형태로 삽입할 수 있습니다.

① 〈주소〉
② [텍스트](주소)
③ [텍스트](주소, "부가 설명")

①번 형태로 입력하면 링크 주소가 그대로 화면에 나타나고, 이 링크 주소를 클릭하면 해당 주소로 이동합니다. ②번 형태는 링크 텍스트만 나타나며, 이 텍스트를 클릭하면 괄호에 입력한 주소로 이동합니다. ③번처럼 이동할 링크 주소 옆에 부가 설명을 넣으면, 결과 화면에서 링크 텍스트 위로 마우스 포인터를 올렸을 때 부가 설명 내용이 말풍선 형태로 나타납니다.

README 파일에 이미지를 추가하는 방법은 'README 수정하기' 다음에 바로 이어서 직접 실습하면서 공부해 보겠습니다.

README 수정하기

앞에서 공부한 마크다운 기본 문법을 사용해 README 문서를 수정해 보고 커밋하는 과정을 알아보겠습니다.

1. test-1 저장소에서 README 내용 오른쪽 위에 있는 🖉 를 클릭합니다.

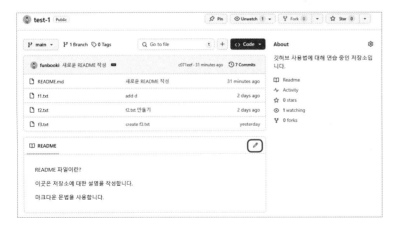

2. 앞에서 공부한 마크다운 기본 문법을 활용해서 기존 내용을 수정해 보세요. 그리고 [Preview] 탭을 클릭해서 결과를 확인합니다.

3. 이전의 파일 내용과 비교해서 어떤 부분이 바뀌었는지 보고 싶다면 화면 오른쪽 위에 있는 'Show Diff'에 체크합니다. 미리 보기 화면에서 내용 왼쪽의 초록색 막대가 세로로 표시되어 있거나 초록색 배경이 있는 부분은 추가된 내용이고, 빨간색 막대가 있거나 빨간색 배경이 있는 부분은 삭제된 내용입니다. 👀 'Show diff'를 클릭할 때마다 두 버전의 차이가 나타나거나 사라집니다. 변경한 파일을 적용하려면 [Commit changes...]를 클릭합니다.

4. 커밋 메시지를 입력한 후 [Commit changes]를 클릭합니다.

5. 저장소 화면 위쪽의 [Code]를 클릭하면 새 커밋 메시지도, 수정한 README 파일 내용도 나타납니다.

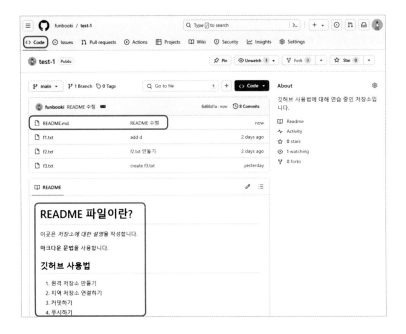

README에 이미지 추가하기

README에 이미지를 삽입하는 경우가 종종 있습니다. 마크다운에서 이미지를 삽입할 때는 맨 앞에 !를 붙인 후 대체 텍스트와 이미지 파일 경로를 지정합니다. 대체 텍스트란 이미지를 나타낼 수 없는 상황일 때 그 자리에 어떤 이미지가 있었는지 알려 주는 텍스트를 가리킵니다. 시각 장애인을 위한 화면 낭독기에서 어떤 이미지가 있는지 읽어 주는 용도로도 사용하죠.

```
![대체 텍스트](이미지 파일 경로)
```

그런데 README 파일에 이미지를 삽입하려면 사용할 이미지가 온라인에 있어야 합니다. 여기에서는 깃허브 저장소에 이미지를 올려놓고, 그 이미지를 README 파일에 삽입하는 방법을 알아보겠습니다. 우선 저장소에 삽입할 이미지를 준비하고 따라 하세요.

> 자신이 운영하는 사이트가 있다면 그곳에 올려놓고 이미지 주소를 사용할 수도 있습니다.

1. 파일 목록이 보이는 저장소 첫 화면에서 ![+]를 클릭한 후 [Upload files]를 클릭합니다.

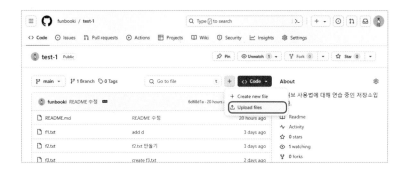

2. 파일 탐색기를 열어 깃허브 화면과 나란히 놓고, 업로드할 이미지를 선택한 후 깃허브 화면으로 끌어 옮깁니다.

> 이미지 여러 개를 한꺼번에 옮길 수도 있습니다.

3. 이미지 파일 올리기가 끝나면 커밋 메시지를 작성하고 [Commit changes]를 클릭해 커밋합니다.

4. 깃허브 저장소 파일 목록에 방금 커밋한 메시지와 함께 업로드한 이미지 파일이 올라와 있을 것입니다.

🐱 이미지 파일을 클릭하면 이미지를 확인할 수 있습니다.

5. 이제 이미지 파일을 README 파일에 넣어 볼까요? README 오른쪽에 있는 ✏️를 클릭합니다.

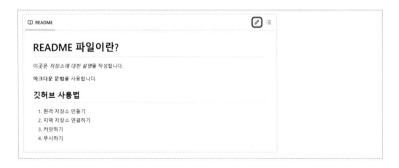

6. 예를 들어 저장소에 업로드한 cat-face 이미지를 삽입하려면 다음과 같이 작성합니다. [ ] 안에는 이미지의 대체 텍스트를 입력하세요. 이미지 파일 경로에서 ./ 는 현재 저장소 폴더를 가리킵니다. [Preview] 탭을 클릭해서 제대로 나오는지도 확인하세요. 수정한 내용을 사용하겠다면 [Commit changes...]를 클릭합니다.

```
![프로필 이미지](./cat-face.png)
```

 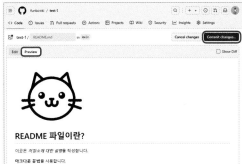

7. 커밋 메시지를 입력한 후 [Commit changes]를 클릭합니다.

8. [Code]를 클릭해 저장소 첫 화면으로 돌아가 보면 방금 README에 이미지를 추가한 커밋이 등록되어 있고, README 문서에도 추가한 이미지가 보일 것입니다.

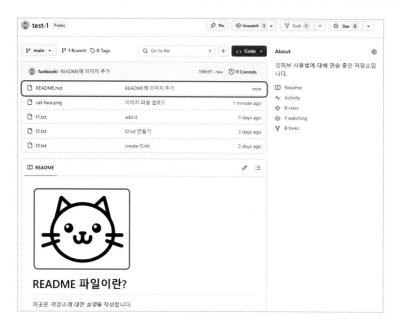

③ 오픈 소스 프로젝트에 기여하기

깃허브에서는 개인 저장소를 만들고 소스를 커밋하는 활동뿐만 아니라 깃허브에 있는 오픈 소스 프로젝트에 참여하는 활동도 모두 기록된다고 했지요? 깃허브를 자신의 소스 저장 공간으로 사용하는 것도 좋지만, 깃허브의 핵심이라고 할 수 있는 오픈 소스 프로젝트에 기여해 보는 경험을 해보세요. 이 경험은 자신의 실력을 키울 뿐 아니라 나아가 다른 사람에게 증명할 수 있는 좋은 기회가 될 것입니다. 단, 깃허브는 전 세계에서 사용하는 서비스이므로 컨트리뷰션은 주로 영어를 사용해 이루어집니다.

컨트리뷰션 안내를 참고하세요

깃허브에는 사용자 누구나 참여할 수 있는 오픈 소스 프로젝트가 많습니다. 그렇다면 우리는 이 프로젝트에 어떻게 기여할 수 있을까요? 컨트리뷰션에는 소스 코드의 버그를 수정하는 것뿐만 아니라 그 오픈 소스에 도움이 될 만한 거의 모든 활동이 포함됩니다.

오픈 소스일 경우에는 다른 사용자의 컨트리뷰션을 적극 권장합니다. 사용자의 참여로 오픈 소스가 더 발전할 수 있으니까요. 특히 유명한 오픈 소스는 컨트리뷰션을 위한 안내를 제공하는 곳이 많습니다.

예를 들어 https://github.com/kamranahmedse/developer-roadmap이라는 깃허브는 매년 개발자 로드맵을 정리해 제공하고 있어서 개발자들 사이에 이미 유명합니다. 이곳에 방문해 보면 로드맵을 보는 것뿐만 아니라 다른 사용자들이 어떻게 기여할 수 있는지 컨트리뷰션을 위한 안내가 따로 있습니다. 그리고 오픈 소스에 기여한 사용자들도 소개하고 있습니다.

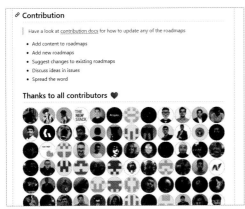

오픈 소스 기여자 목록

한글로 번역하는 것도 중요한 컨트리뷰션입니다

깃허브에 있는 오픈 소스나 여러 프로젝트는 대부분 영문으로 되어 있습니다. 영어에 익숙하다면 큰 문제가 되지 않겠지만 아무래도 한글을 사용하면 더욱 이해하기 쉽겠죠?

깃허브의 오픈 소스나 프로젝트를 한글로 번역하는 것부터 시작해 보세요. 오픈 소스에서 번역하고 싶은 부분이 있다면 먼저 오픈 소스 개발자에게 번역해도 되는지 이메일 등을 이용해서 확인하고 진행하는 것이 좋습니다.

예를 들어 자바스크립트 알고리즘을 잘 정리해 놓은 https://github.com/trekhleb/javascript-algorithms 저장소는 아주 많은 언어로 번역되어 있습니다. 이곳에서는 언어별로 README 파일을 따로 만들어 두었는데, README.ko-KR.md를 클릭하면 저장소에 올라온 내용을 한글로 볼 수 있답니다. 누군가가 노력해서 우리는 좋은 내용을 편하고 쉽게 볼 수 있는 것이죠.

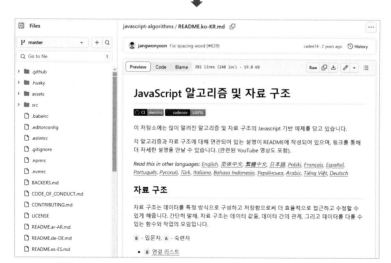

영문 내용을 한글로 번역한 컨트리뷰션

한글화 작업을 도울 수 있습니다

오픈 소스 프로그램을 사용하고 있고 어느 정도 이해하고 있다면 오픈 소스나 프로그램의 한글화 작업을 도울 수 있습니다. 프로그램 도움말의 오타를 수정할 수도 있고, 잘못 번역한 한글 메뉴를 수정할 수도 있습니다.

예를 들어 VS Code는 대표적인 오픈 소스여서 프로그램 개선 작업에 누구나 참여할 수 있습니다. 한글판 VS Code를 사용하다가 잘못 번역한 부분이 있다면 언제든지 의견을 제시할 수 있습니다.

깃허브의 VS Code 저장소(https://github.com/microsoft/vscode)로 찾아간 후 [Issues] → [New issue]를 차례로 선택해 작성하면 됩니다. 단, 영문으로 작성해야 개발 팀에서 이해할 수 있겠죠?

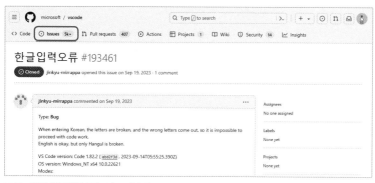

프로그램의 한글화를 돕는 컨트리뷰션

코드 오류나 버그를 수정할 수 있습니다

오픈 소스 프로젝트에서 가장 많이 참여하는 분야는 소스 코드 수정입니다. 개발 능력을 갖춘 사용자라면 오픈 소스의 버그를 찾아서 알려 주거나 수정하는 등 오픈 소스 자체를 수정하는 활동이죠. 또는 추가되었으면 하는 기능을 제안할 수도 있습니다.

예를 들어 TOAST UI Editor(https://github.com/nhn/tui.editor)는 네이버의 카페나 블로그 등에서 사용하는 위지윅 편집기인데, 오픈 소스로 깃허브에 올라와 있습니다. 이 소스에서 오류를 발견하거나 추가하고 싶은 기능이 있다면 제안할 수 있습니다.

저장소에서 [Issues] → [New issue]를 클릭하고 내용을 입력하면 오픈 소스의 개발자들과 소통하면서 진행 결과를 확인할 수 있죠.

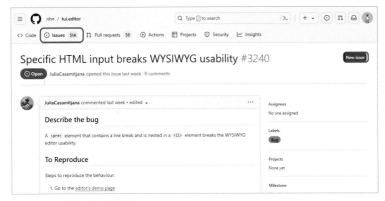

코드의 오류를 찾는 컨트리뷰션

7

VS Code에서
GUI 방식으로 사용하기

지금까지는 VS Code의 터미널 창에서 CLI 방식으로 버전을 관리했습니다. 그런데 CLI 방식은 모든 명령어를 기억해야 하고 터미널 창에 나타나는 결과도 이해하기 쉽지 않습니다. 그래서 터미널 사용이 익숙하지 않으면 소스트리나 깃허브 데스크톱 같은 그래픽 기반 프로그램도 많이 사용합니다. 마우스 몇 번 클릭으로 깃과 깃허브를 사용할 수 있거든요. 마우스 클릭으로 처리하는 방식을 GUI(Graphics User Interface) 방식이라고 합니다.

드디어 VS Code에서도 GUI 방식으로 깃과 깃허브를 사용할 수 있게 되었습니다. 터미널 창에 명령을 입력하는 대신 메뉴를 선택하거나 마우스로 클릭할 수 있어서 훨씬 편리하죠.

이 장에서는 지역 저장소를 만드는 것부터 깃허브에 연결하고 푸시, 풀하는 과정을 GUI 방식으로 사용해 보겠습니다.

① 저장소 만들기

여기에서는 새로운 폴더를 만들어 작업 폴더로 사용하고 저장소로 만들어 보겠습니다.

새 폴더 만들고 작업 폴더 추가하기

1. VS Code에서 버전 관리를 연습해 보기 위해 'test-3'라는 새로운 폴더를 만들겠습니다.

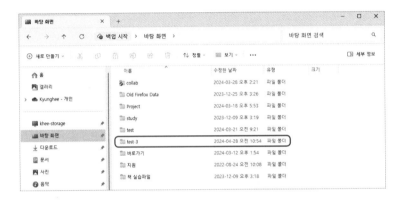

2. VS Code를 실행한 후 [파일] → [폴더 열기]를 선택합니다. 그리고 새로 만든 [test-3] 폴더를 선택하고 [폴더 선택]을 클릭합니다. 탐색기에서 test-3 폴더를 선택해 드래그해도 됩니다.

🗣 현재 폴더가 안전한지 묻는 창이 나타난다면 [예, 작성자를 신뢰합니다.]를 클릭합니다.

3. 작업 폴더가 추가되면 VS Code의 왼쪽 탐색기 창에 [TEST-3]라는 폴더 이름이 나타납니다. 아직 아무 파일도 만들지 않아서 폴더 이름 아래쪽은 비어 있고, [TEST-3] 폴더 이름 위로 마우스 포인터를 올려놓으면 작은 아이콘들이 나타납니다.

🐢 사용하던 폴더에서 다른 폴더로 작업 폴더를 바꾸려면 [파일] → [폴더 닫기]를 선택해 현재 작업하던 폴더를 종료한 후, 다시 [파일] → [폴더 열기]를 선택해서 새로운 폴더를 추가합니다.

❶ **새 파일:** 현재 폴더에 새 파일을 만듭니다.

❷ **새 폴더:** 현재 폴더에 하위 폴더를 만듭니다.

❸ **탐색기 새로 고침:** 현재 폴더를 다시 불러옵니다.

❹ **탐색기에서 폴더 축소:** 폴더 안의 하위 폴더나 파일을 모두 감춥니다.

저장소 초기화하기

방금 추가한 test-3 폴더에서 버전 관리를 할 것이므로 VS Code에게 이제부터 버전 관리를 하라고 알려 주어야 합니다. 터미널 창에서는 'git init'이라는 명령으로 초기화했는데, VS Code에서는 클릭 몇 번으로 저장소를 초기화할 수 있습니다.

1. VS Code에서 버전 관리와 관련된 명령은 화면 왼쪽의 사이드바에서 👫 아이콘을 클릭하면 나타나는 소스 제어 창에서 이루어집니다.

사이드바에서 👫를 클릭하면 리포지토리 초기화부터 하라고 알려 주네요. [리포지토리 초기화]를 클릭합니다.

🐢 리포지토리는 VS Code에서 저장소를 가리킵니다.

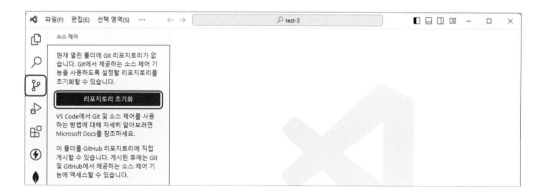

2. 소스 제어 창의 내용이 바뀔 것입니다. 그리고 소스 제어 창에서 test-3 저장소 오른쪽에 있는 ⋯(보기 및 기타 작업)을 클릭하면 앞에서 공부했던 풀이나 푸시, 커밋과 같은 명령도 볼 수 있습니다. VS Code의 맨 아래 상태 표시줄을 보면 가장 왼쪽에 ⑂ main(main 브랜치)가 있습니다. 지역 저장소가 만들어졌고 현재 main 브랜치에 있다는 뜻입니다.

❷ 버전 만들기

이제 VS Code에서 파일을 만들고 수정하면서 버전 관리하는 방법을 살펴보겠습니다. 참고로 맥용 VS Code는 여기에서 설명하는 화면과 조금 다르지만 사용법은 크게 다르지 않습니다.

파일 만들기

1. VS Code의 왼쪽 사이드바에서 [아이콘]를 클릭하면 탐색기 창으로 이동합니다. 탐색기 창에서 [TEST-3] 폴더 이름 위로 마우스 포인터를 올린 후 [아이콘] 아이콘을 클릭하면 새 파일이 만들어지면서 파일 이름을 입력할 수 있습니다. 'work1.txt'라고 입력하고 Enter 를 누릅니다.

2. work1.txt 파일이 만들어지면서 오른쪽에 방금 만든 work1.txt 파일을 편집할 수 있는 창이 열립니다. 실제로는 복잡하고 긴 소스를 사용하겠지만 여기에서는 간단히 '1'을 입력해 보겠습니다. Ctrl + S (윈도우)나 Command + S (맥)를 눌러 파일을 저장합니다.

파일에 내용을 입력하는 순간 [아이콘]처럼 소스 제어 아이콘에 '1'이라는 숫자가 표시될 것입니다. 파일 1개에 수정 사항이 있다는 뜻이죠.

> 🗨️ 열려 있는 편집 창 탭에 [work1.txt U ●]처럼 검은색 둥근 점이 보인다면 파일을 아직 저장하지 않았다는 뜻입니다.

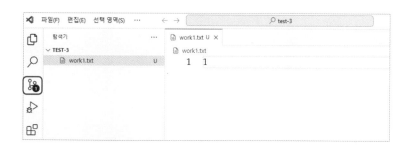

소스 제어 창 살펴보기

앞에서 새로운 파일을 만들어서 소스 제어 아이콘에는 '1'이라고 표시되어 있습니다.  아이콘을 클릭해 보세요.

'변경 사항'이라는 영역에 저장소의 변경 내용이 나타납니다. 방금 work1.txt 파일을 만들어서 [변경 사항] 영역에 work1.txt 파일이 나타나 있죠.

변경 사항 영역에서 할 수 있는 일을 알아 보겠습니다. work1.txt 파일 이름 위로 마우스 포인터를 올리면 오른쪽에 아이콘 4개가 표시됩니다.

🐰 U 자 위로 마우스 포인터를 올리면 '추적되지 않음'이라는 툴 팁이 나타날 것입니다.

❶ **파일 열기**: 편집 창에 현재 파일을 열어 줍니다. 지금은 work1.txt 파일이 열려 있는 상태이므로 클릭해도 변화가 없습니다.

❷ **변경 내용 취소**: 파일의 변경 사항을 취소합니다.

❸ **변경 내용 스테이징**: 현재 파일을 스테이지에 올립니다.

❹ **파일 상태**: 처음에 U라고 표시된 것은 Untracked 파일이라는 의미입니다. 아직 한번도 커밋하지 않은 파일이라는 뜻이라는 거 기억하죠? 한번 커밋한 후에 변경 사항이 생기면 M으로 표시됩니다.

스테이징하기

1. [변경 사항]에 있는 파일을 스테이지에 올려놓으려면, 파일 이름 위로 마우스 포인터를 가져왔을 때 오른쪽에 나타나는 아이콘 4개 중에서 ➕ 를 클릭합니다.

2. [변경 사항]에 있던 파일이 [스테이징된 변경 사항]으로 옮겨졌습니다. 스테이지로 옮겨진 거죠. 그리고 스테이징된 파일 오른쪽에 [A]라고 표시되는데 '인덱스 추가됨(added)'이라는 의미입니다.

스테이징 영역에 있는 파일 위로 마우스 포인터를 옮겼을 때 역시 다음과 같이 아이콘 3개가 표시됩니다. 스테이징 영역에서 할 수 있는 작업들과 파일 상태입니다.

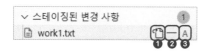

❶ **파일 열기:** 스테이지에 있는 파일을 편집 창에 열어 줍니다.

❷ **변경 내용 스테이징 취소:** 클릭하면 스테이징이 취소되고 변경 사항 항목으로 이동합니다.

❸ **인덱스 추가됨:** [A]는 added의 줄임말로, 스테이지에 추가된 상태라는 뜻입니다.

커밋하기

1. 스테이지에 있는 파일은 커밋할 수 있습니다. 소스 제어 창 맨 위에 있는 메시지 창에 커밋 메시지를 입력한 후 [커밋] 버튼 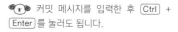 을 클릭합니다.

🐢 커밋 메시지를 입력한 후 Ctrl + Enter 를 눌러도 됩니다.

2. 커밋이 끝나면 스테이지 영역이 비워집니다. 커밋할 게 없는 거죠. 제대로 커밋됐는지 궁금하다면 터미널 창에 다음처럼 입력해서 로그를 확인합니다.

 커밋이 끝나면 소스 제어 아이콘에 있던 숫자가 사라집니다.

```
$ git log
```

3. 방금 커밋한 내용이 추가된 것을 볼 수 있습니다. 이렇게 VS Code의 소스 제어 창에서 스테이징하고 커밋하는 것을 간단하게 클릭 몇 번으로 진행할 수 있습니다.

스테이징과 커밋 한꺼번에 처리하기

깃에서는 1번이라도 커밋을 한 파일에만 git commit -am 명령을 사용해 스테이징과 커밋을 한꺼번에 처리할 수 있습니다. 하지만 VS Code에서는 처음 커밋하는 파일도 스테이징과 커밋을 한꺼번에 실행할 수 있어서 편리합니다.

1. 현재 작업 폴더에 work2.txt 파일을 만들고 숫자 '2'를 입력한 후 저장합니다. 다시 한번 work3.txt 파일을 만들고 같은 숫자 '2'를 입력하고 저장합니다.

 숫자 2는 두 번째 작업이라는 의미로 사용했습니다.

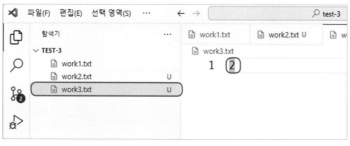

2. 소스 제어 창을 보면 [변경 사항]에 2개의 파일이 있습니다. 스테이징 과정을 생략하고 바로 커밋해 보겠습니다. 커밋 메시지 창에 'work2.txt, work3.txt 생성'이라고 입력하고 [커밋]을 클릭합니다.

3. 스테이징 없이 커밋할 것인지 묻는 창이 나타나면 [예] 또는 [항상]을 클릭합니다. [항상]을 선택하면 이후에 알림 창 없이 스테이징과 커밋이 실행됩니다. [예]를 클릭하면 스테이징과 커밋이 완료됩니다.

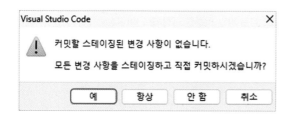

4. 터미널 창에 git log 명령을 입력해서 제대로 커밋됐는지 확인할 수 있습니다.

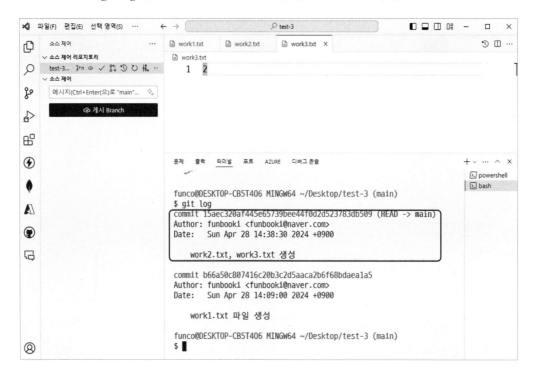

변경 내용 살펴보기

수백, 수천 줄의 코드 중에서 일부를 수정했을 경우 어느 부분이 수정됐는지 단번에 찾기 힘들 경우가 있습니다. 이럴 때 VS Code의 변경 내용 열기 기능을 이용하면 편리합니다.

1. work2.txt 파일을 편집 창에 열고 '2' 다음에 '3'을 입력합니다. 그리고 편집 창 오른쪽 위에 있는 [변경 내용 열기] 아이콘 🔁 을 클릭합니다.

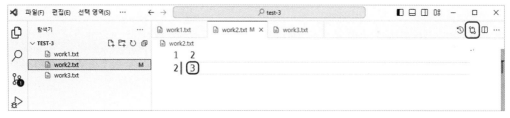

👀 소스 제어 창의 변경 사항 항목에서 변경 내용을 보고 싶은 파일 이름을 클릭해도 됩니다.

2. 편집 창에 새로운 탭이 열리면서 작업 트리에 있는 work2.txt 파일을 보여 줍니다. 왼쪽에는 기존 파일 내용이 나타나고, 오른쪽에는 수정한 파일 내용이 보입니다. 두 번째 줄에 '3'이 추가되었다는 것을 알 수 있습니다. 이 화면에서 바로 수정할 수 없으니 변경 내용을 확인한 후 또 다른 수정이 필요하다면 작업 트리 화면을 닫고 work2.txt 파일을 수정합니다.

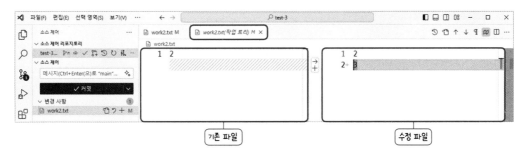

3. 커밋 메시지에 'add 3'이라고 입력하고 [커밋]을 클릭하면 수정한 내용이 커밋됩니다.

최신 커밋 취소하기

깃 명령으로 최신 커밋을 취소할 때는 git reset 명령을 사용했지만 VS Code에서는 클릭 몇 번으로 최신 커밋을 취소할 수 있습니다. 여기까지 순서대로 따라왔다면 add 3 커밋이 가장 최신 커밋입니다. 이 커밋을 취소해 보겠습니다.

1. 소스 제어 창에서 저장소 이름 옆에 있는 ⋯ 를 클릭한 후 [커밋] → [마지막 커밋 실행 취소]를 선택합니다.

2. 커밋이 취소되고 커밋에 사용한 work2.txt 파일이 스테이지로 옮겨집니다.

스테이징 취소 및 파일 변경 취소하기

깃 명령에서는 git restore 명령을 사용해 스테이징을 취소하거나 작업 트리의 변경 내용을 취소했습니다. VS Code에서는 클릭 한 번으로 스테이징이나 파일 변경을 취소할 수 있습니다.

스테이징 취소하기

1. 현재 VS Code 스테이지 영역에는 방금 커밋을 취소한 work2.txt 파일이 있습니다. work2.txt 파일 위로 마우스 포인터를 올려놓으면 여러 아이콘이 나타납니다. 그리고 각각의 아이콘 위로 마우스 포인터를 올리면 역할이 표시됩니다. [변경 내용 스테이징 취소] 아이콘 ━ 을 클릭합니다.

2. 스테이지에 있던 파일이 [변경 사항] 영역으로 옮겨집니다. 스테이지가 취소되었습니다.

변경 내용 취소하기

1. work2.txt 파일의 커밋과 스테이징이 취소되면서 숫자 3이 추가된 상태에 머물러 있습니다. 이 변경 내용을 취소하려면 work2.txt 파일 위로 마우스 포인터를 올려놓은 후 [변경 내용 취소] 아이콘 을 클릭합니다.

2. 변경 내용을 진짜 취소할 것인지 확인하는 창이 나타납니다. [변경 내용 취소]를 클릭합니다.

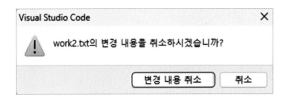

3. 편집 창에 work2.txt가 열려 있었다면 변경 내용이 취소되면서 추가한 숫자 3이 사라질 것입니다. 이와 동시에 소스 제어 창의 변경 사항이 사라집니다.

③ 깃허브에 연결하기

VS Code에서는 깃허브의 원격 저장소에 연결하고 푸시하는 것, 풀하는 것 모두 몇 번만 클릭해도 해결할 수 있습니다. 우선 연습에 사용할 원격 저장소부터 만들어야겠죠?

깃허브에 원격 저장소 만들기

1. 깃허브에 로그인해 첫 화면 왼쪽에 저장소 목록이 나타나면 위에 있는 [New]를 클릭합니다.

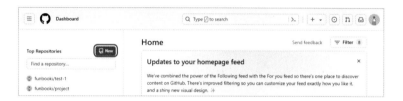

2. 여기에서는 'test-3'라는 이름으로 만들어 보겠습니다.

3. 저장소가 만들어지면 접속할 수 있는 저장소 주소가 나타나겠죠? 주소 오른쪽에서 ▣를 클릭해 HTTPS 접속 주소를 복사해 둡니다.

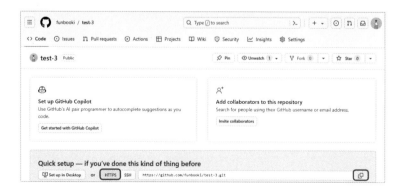

원격 저장소 연결하기

VS Code로 돌아와 작업 폴더를 엽니다. 여기에서는 앞에서 사용한 [test-3] 폴더의 파일들을 원격 저장소로 연결해 보겠습니다.

1. 원격 저장소를 연결하기 위해 🎛 아이콘을 클릭해서 소스 제어 창을 연 뒤 [더 보기] 아이콘 ┅을 클릭해 [원격] → [원격 추가...]를 선택합니다.

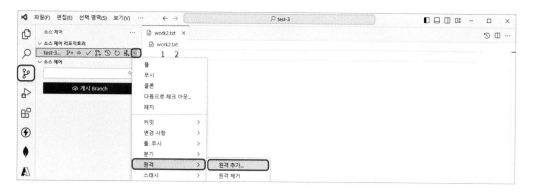

2. 화면 위쪽의 입력 창에 복사한 원격 저장소 주소를 입력하고 Enter 를 누른 후, 원격 저장소 이름(test-3)도 입력하고 다시 Enter 를 누릅니다. 원격 저장소 이름을 지정할 때마다 매번 주소를 기억해 두었다가 사용하기 어렵기 때문입니다. 여기에서 원격 저장소 주소를 한 번만 추가하면 그 이름을 사용해 저장소를 구별할 수 있도록 한 것입니다.

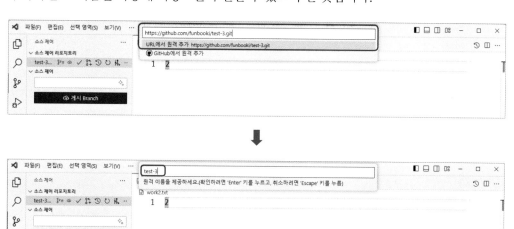

3. 원격 저장소에 제대로 연결되었는지 확인해 보겠습니다. VS Code 터미널 창에 다음과 같이 입력해서 원격 저장소 주소를 확인해 보세요.

```
git remote -v
```

원격 저장소로 푸시하기

1. 터미널 창에 git log를 입력해서 현재 저장소의 커밋을 확인해 보세요. 이 커밋들을 원격 저장소로 올리겠습니다.

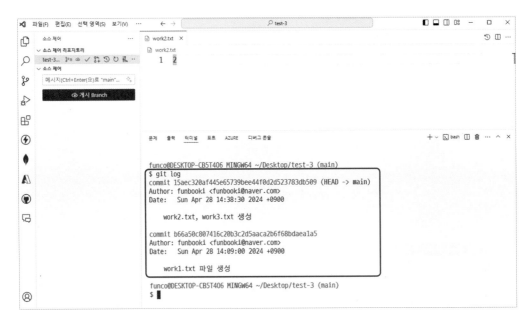

2. 소스 제어 창에서 저장소 이름 옆에 있는 [더 보기] 아이콘 ⋯ 을 클릭한 후 [풀, 푸시] → [다음으로 푸시…]를 선택한 후 푸시할 원격 저장소를 선택합니다.

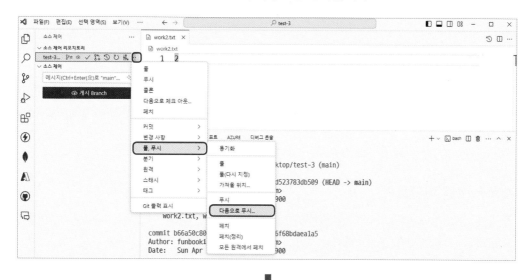

3. 원격 저장소에 연결되면 지역 저장소(작업 폴더)에 있던 파일들이 깃허브로 바로 푸시됩니다. 여기에서는 파일이 몇 개 안 돼서 푸시는 금방 끝납니다. 푸시하는 동안에는 화면 아래 상태 표시줄에 있는 👁 아이콘이 🔄 로 바뀌는데, 이 아이콘이 다시 👁 으로 바뀌면 푸시가 끝났다는 뜻입니다.

이제 웹 브라우저에서 깃허브 저장소로 접속해 보세요. 아무 내용도 없던 화면에 방금 푸시한 파일들이 올라와 있을 것입니다.

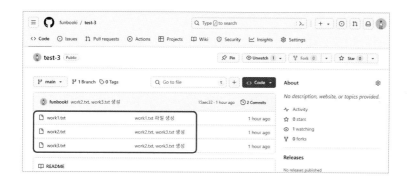

④ 브랜치 관리하기

버전 관리를 하다 보면 브랜치를 만들어야 할 일이 많습니다. 특히 공동 작업을 한다면 기능별 또는 작업자별로 브랜치를 만들기도 합니다. VS Code에서는 브랜치를 어떻게 관리하는지 알아보겠습니다.

새로운 브랜치 만들기

앞에서 work1.txt부터 work3.txt까지 파일을 3개 만들었는데, 이번에는 새로운 브랜치에 work4.txt 파일을 만들려고 합니다.

1. 소스 제어 창을 보면 저장소 이름 옆에 main이라는 기본 브랜치가 보입니다. 새 브랜치를 만들기 위해 [main]을 클릭합니다.

소스 제어 리포지토리가 보이지 않는다면 ⋯ 아이콘을 클릭하고 [보기] → [소스 제어 리포지토리]를 선택하세요.

2. [새 분기 만들기...]를 선택합니다.

3. 새 브랜치 이름을 입력합니다. 여기에서는 new-branch라고 하겠습니다.

4. new-branch가 만들어지면서 동시에 new-branch로 전환합니다. 저장소 이름 옆에 나타난 브랜치 이름도 변경되죠.

VS Code 상태 표시줄에 나타난 브랜치 이름으로도 현재 어느 브랜치로 전환한 상태인지 확인할 수 있습니다.

새 브랜치에서 커밋하기

1. 사이드바에서 ⬚를 클릭해 탐색기 창으로 이동한 후, 현재 브랜치에 work4.txt 파일을 만들고 '4'를 입력합니다.

2. 사이드바에서 ⬚를 클릭해 소스 제어 창으로 이동합니다. 커밋 메시지로 'work4.txt 파일 생성'을 입력한 후 [커밋]을 클릭합니다.

새 브랜치를 원격 저장소로 푸시하기

지역 저장소에 만든 new-branch를 원격 저장소로 푸시해 보겠습니다.

1. 소스 제어 창에서 ··· 을 클릭하고 [풀, 푸시] → [다음으로 푸시...]를 선택한 후, 푸시할 원격 저장소를 선택합니다. 여기에서는 test-3.git을 선택하면 되겠죠? 브랜치를 따로 선택하거나 입력하지 않고 간단하게 푸시됩니다.

2. 이제 깃허브에서 원격 저장소로 접속하고 살펴보세요. 저장소의 기본은 main 브랜치이므로 처음에는 main 브랜치의 내용만 나타납니다.
원격 저장소에서 main 부분을 클릭하면 저장소에 있는 브랜치가 나타납니다. 그중에서 새로 만든 new-branch 브랜치를 선택합니다.

🐷 VS Code에서 푸시하자마자 원격 저장소로 들어가면 새로운 브랜치가 푸시되었다는 메시지가 표시됩니다.

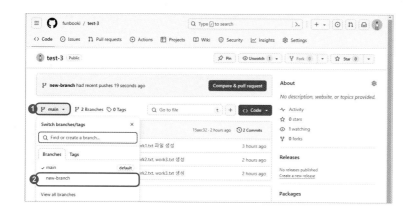

3. 원격 저장소에 새로운 브랜치와 브랜치 안의 내용이 제대로 푸시된 것을 확인할 수 있습니다.

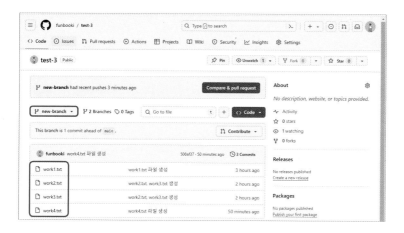

브랜치 사이에 전환하기

지금까지 new-branch 브랜치에서 work4.txt 파일을 만들었죠? 다시 main 브랜치로 전환하면 어떻게 달라지는지 살펴보겠습니다.

1. 소스 제어 창을 보면 저장소 이름 옆에 new-branch라는 브랜치 이름이 있습니다. 이 부분을 클릭하면 화면 상단에 브랜치 이름이 나타나는데, 그중에서 main을 선택합니다.

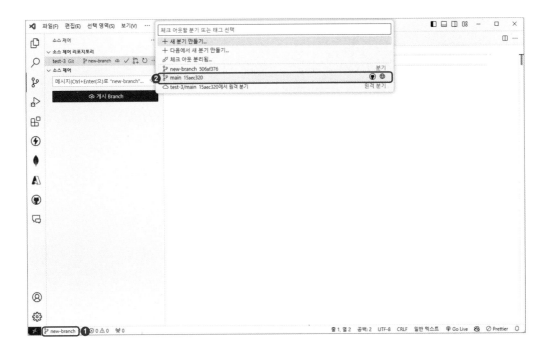

2. 브랜치가 main으로 바뀝니다. 그리고 열려 있던 work4.txt는 main 브랜치에 없는 파일이 므로 취소선이 그려집니다.

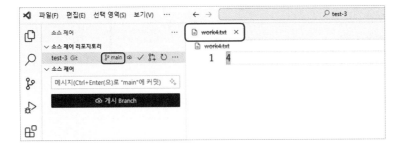

브랜치 병합하기

앞에서 만든 new-branch를 main 브랜치로 병합해 보겠습니다. 브랜치를 병합하려면 기본 브랜치인 main 브랜치로 전환한 상태에서 해야 합니다. 현재 어떤 브랜치에 있는지 확인해 보고 main 브랜치가 아니라면 main 브랜치로 전환한 후 따라 하세요.

1. 소스 제어 창에서 ···을 클릭하고 [분기] → [병합...]을 선택합니다.

2. 병합할 브랜치를 선택합니다. 여기에서는 new-branch를 선택합니다.

3. 이제 ⬚를 클릭해 탐색기 창으로 이동해 보세요. new-branch가 main 브랜치로 병합되면서, new-branch에서 만들었던 work4.txt를 main 브랜치에서도 볼 수 있습니다.

🐵 소스 제어 창에서 ···를 클릭한 후 [분기] → [분기 삭제]를 선택해서 병합이 끝난 new-branch를 삭제할 수 있습니다.

8

깃허브에
이력서 사이트와 블로그 만들기

깃허브의 '페이지(pages)' 기능을 활용하면 깃허브 안에 사이트를 만들 수 있습니다. 자신이 알고 있는 정보를 다른 사람과 나누는 기술 블로그를 만들 수도 있죠. 여기에서는 간단한 이력서 사이트를 만드는 방법과 지킬 테마를 사용해 블로그 만드는 방법을 알아보겠습니다.

① HTML, CSS 파일로 이력서 사이트 만들기

깃허브의 페이지는 정적인 사이트에 적당합니다. 정적인 사이트는 게시판이나 글 올리기 기능 같은 것은 없고 그냥 정보를 보여 주기만 합니다. 그래서 이력서 사이트로 아주 적합하죠. 깃허브 저장소에 웹 사이트 파일을 올려놓고 사용하면 무료이면서 파일을 언제든지 수정할 수 있습니다.

사용할 파일 준비하기

웹 사이트를 만들려면 사이트 내용이 담긴 HTML 파일과 사이트 디자인을 담당하는 CSS 파일을 준비해야 합니다. HTML과 CSS를 공부했다면 문서를 직접 만들어 보는 것도 좋습니다. 이때 첫 화면은 반드시 index.html로 저장해야 하고, 자신의 컴퓨터에서 이미지가 제대로 보이는지, 링크가 제대로 동작하는지 확인한 뒤 푸시해야 합니다.

아직 이력서 사이트 파일을 준비하지 못했다면 이 책에서 제공하는 예제 파일을 사용해서 연습해도 됩니다. 미리 만들어 둔 소스를 여러분의 저장소로 복제하는 방법과 VS Code에서 풀과 푸시의 사용법을 함께 공부해 보겠습니다. 단, HTML과 CSS의 기본은 알고 있어야 소스를 수정하기가 쉽습니다.

다른 사람의 저장소 복제하기 — fork

다른 사람의 저장소에 있는 코드 파일은 직접 수정해서는 안 됩니다. 그래서 자신의 저장소로 코드를 복제한 후 다양하게 수정하죠. 만일 오픈 소스를 복제했는데, 코드를 살펴보다가 수정할 부분이 생기면 원래 작성자에게 풀 리퀘스트(PR)를 요구할 수도 있습니다.

1. 깃허브 사이트에 로그인한 후 이력서 예제 파일이 저장된 https://github.com/jjlaon/resume로 접속합니다. 화면 오른쪽 위에 있는 [Fork]를 클릭합니다.

🐨🐨 [Code] → [Download ZIP]을 클릭해서 소스 파일을 내려받은 후 지역 저장소를 만들고, 원격 저장소를 만든 후에 푸시하는 과정을 포크 하나로 해결할 수 있습니다.

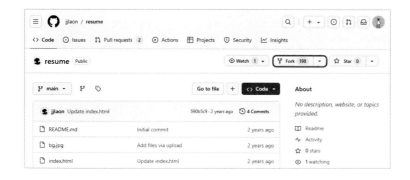

2. 현재 계정에 저장소를 복제할 때 원래 저장소와 같은 이름을 사용하므로 수정없이 [Create fork]를 클릭합니다.

🐨 필요하다면 저장소 이름을 바꿔도 됩니다.

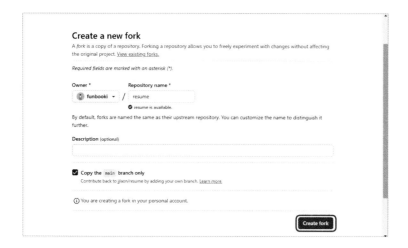

3. 잠시 기다리면 복제가 끝납니다. 그리고 여러분의 계정에 이름이 'resume'인 저장소가 만들어졌을 것입니다. 화면 왼쪽 위를 보면 '*계정*/resume'이라고 나타나 있고, 그 아래에 'forked from jjlaon/resume'이라고 되어 있을 것입니다. 즉, jjlaon/resume 저장소에서 포크했다는 의미입니다.

예를 들어 여기에서 사용한 계정은 funbooki인데, jjlaon/resume을 복제해서 funbooki/resume 저장소를 만든 것이죠. 그리고 이제부터는 funbooki/resume에서 소스를 수정할 수 있습니다.

지역 저장소로 복제하기 — clone

포크한 저장소는 내 깃허브 저장소에 있으므로, 깃허브의 저장소를 사용자 컴퓨터로 복제 (clone)해야 파일을 손쉽게 수정할 수 있고, 또 수정한 내용을 푸시할 수 있습니다.

1. VS Code를 실행합니다. 열려 있는 작업 폴더가 있다면 기존 폴더를 닫아 주세요. 탐색기 창에 [폴더 열기]와 [리포지토리 복제] 버튼이 보일 것입니다. [리포지토리 복제]를 클릭합니다.

2. 화면 위쪽에 나타나는 입력 창에 복제할 저장소 주소를 입력합니다. 여기에서는 이력서 파일을 포크해 둔 여러분의 깃허브 저장소 주소를 입력합니다.

'https://github.com/계정/resume' 형식이 될 것입니다.

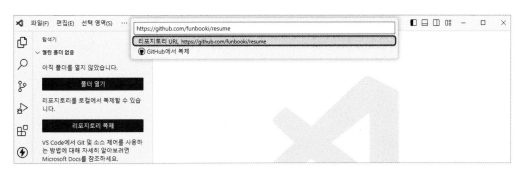

3. 복제한 저장소를 어디에 저장할지 선택합니다. 저장소를 복제하면서 저장소 이름과 같은 폴더가 만들어지므로 그 폴더가 있어야 할 위치를 선택하면 됩니다. 여기에서는 바탕 화면에 저장소를 만들 것이므로 [바탕 화면]을 선택하고 [리포지토리 대상으로 선택]을 클릭합니다.

4. 저장소 복제가 끝나면 VS Code에 열 것인지 묻는 창이 나타납니다. [열기]를 클릭합니다.

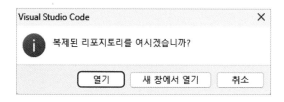

5. VS Code에 'RESUME'이라는 작업 폴더가 추가되면서 복제한 저장소의 파일들이 나타납니다. index.html을 클릭하면 오른쪽 편집 창에 그 내용이 표시될 것입니다.

6. 저장소 폴더를 저장한 바탕 화면을 보면 resume 폴더가 만들어졌을 것입니다. 이렇게 VS Code에서 사이트를 복제하면(clone) 새 폴더를 만들고 지역 저장소를 만든 후에 터미널 창에서 원격 저장소를 복제하는 과정을 몇 번 클릭하는 것만으로도 해결할 수 있습니다.

resume 폴더에 있는 index.html을 더블클릭하면 예제 사이트의 모습을 볼 수 있습니다. 이미지와 텍스트만 들어 있는 간단한 페이지입니다.

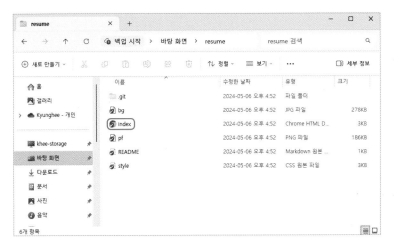

사용할 이미지 파일 교체하기

현재 index.html 문서에는 배경 이미지와 프로필 이미지, 이렇게 이미지를 2개 사용했습니다. 기존 이미지를 그냥 사용해도 되지만, 다른 것으로 바꾸고 싶다면 기존의 bg.jpg 파일과 pf.png 파일을 삭제한 후 원하는 배경 이미지는 bg.jpg로 저장하고, 프로필 이미지는 pf.png로 저장하면 됩니다.

> 🐱 이때 프로필 이미지는 너비와 높이가 각각 100픽셀 크기여야 합니다.

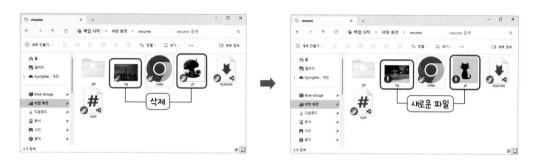

index.html 파일 수정하기

1. VS Code에서 현재 작업 폴더에 있는 index.html 파일을 클릭하면 오른쪽에 편집 창이 나타납니다.

⟨h1⟩funnycom⟨/h1⟩에서 funnycom 대신 여러분의 이름을 넣습니다. 그리고 ⟨h2⟩…⟨/h2⟩ 부분은 현재 직업을 적습니다. ⟨!—자기 소개 --⟩ 부분은 ⟨p⟩와 ⟨/p⟩ 사이에 자신에게 맞게 내용을 수정합니다.

> 🐱 이름을 입력할 때 한글을 사용하면 깨져 나올 수 있으므로 되도록이면 영문 이름으로 넣어 주세요.

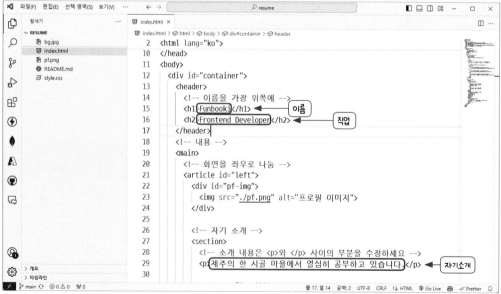

> 🐱 여러분이 수정할 부분은 ⟨!-- --⟩ 기호를 사용해 주석으로 표시해 두었습니다.

2. 이력서에서 SNS 링크는 필수겠죠? 〈!-- sns 링크 부분 --〉의 내용을 수정합니다. 그 밖에 경력과 기술, 학력 등도 자신에게 맞게 내용을 수정한 후 `Ctrl` + `S`(윈도우)나 `Command` + `S`(맥)를 눌러 저장합니다.

```
30
31      <!-- sns 링크 부분 -->
32      <!-- href="" 부분의 링크와 내용을 수정하세요 -->
33      <ul id="sns">
34        <li>
35          <i class="fa fa-envelope" aria-hidden="true"></i>
36          <a href="mailto:your-email@example.com">your-email@example.com</a>
37        </li>
38        <li>
39          <i class="fab fa-github" aria-hidden="true"></i>
40          <a href="github.com/gh-username">gh-username</a>
41        </li>
42        <li>
43          <i class="fab fa-linkedin" aria-hidden="true"></i>
44          <a href="linkedin.com/linkedin-username">linkedin-username</a>
45        </li>
46      </ul>
47    </section>
```

3. 웹 브라우저에서 resume/index.html 파일을 열어 수정한 내용으로 바뀌었는지 확인하세요.

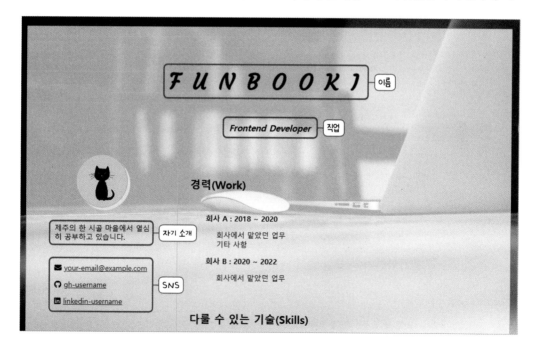

변경 사항 커밋하기

1. VS Code에서 🔀 아이콘을 클릭해 소스 제어 창으로 이동합니다. index.hml 파일을 수정했고 bg.jpg와 pf.png 파일을 다른 것으로 바꿨으므로 변경 사항이 3개입니다. 커밋 메시지를 입력한 후 [커밋]을 클릭하면 커밋이 끝납니다.

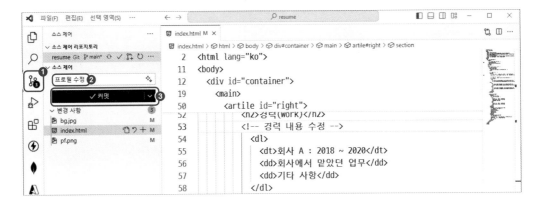

2. 지역 저장소에 커밋이 추가되었으니 변경된 내용을 깃허브로 올려야 합니다. VS Code의 소스 제어 창에서 [변경 내용 동기화]를 클릭합니다.

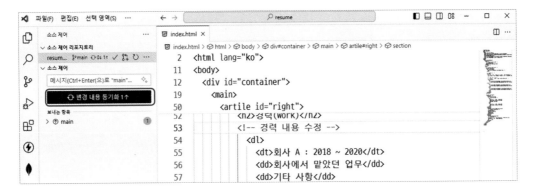

3. 원격 저장소와 동기화한다는 알림 창이 나타나면 [확인]을 클릭합니다.

4. 이제 깃허브의 resume 저장소로 가볼까요? [새로고침]을 클릭하면 방금 푸시한 커밋이 올라와 있는 것을 확인할 수 있습니다.

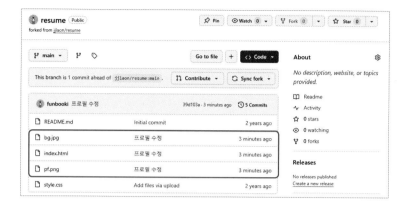

원격 저장소를 페이지로 전환하기

깃허브의 저장소를 사이트처럼 사용할 수 있는 것은 깃허브의 '페이지(Pages)' 기능 덕분입니다. 그래서 현재 저장소를 페이지로 바꿔야 이력서 사이트로 사용할 수 있습니다.

1. 이력서 파일이 저장된 저장소에서 [Settings]를 클릭합니다.

2. 왼쪽의 카테고리에서 [Pages]를 선택합니다. 오른쪽을 보면 Branch 항목이 [None]으로 되어 있을 것입니다. [None]을 클릭한 후, 이력서 파일이 있는 브랜치를 선택합니다. 여기에 서는 [main]을 선택하면 되겠죠?

3. Source를 main으로 지정했으면 반드시 옆에 있는 [Save] 버튼을 클릭해야 저장됩니다.

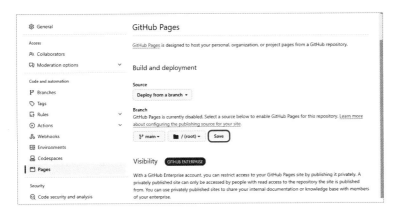

4. 저장소가 페이지로 설정되면 페이지 주소가 만들어지는데, 이 주소를 사이트 주소로 사용합니다.

> 📖 페이지 주소가 github.com이 아니라 github.io라는 점에 주의하세요.

```
https://아이디.github.io/저장소명
```

예를 들어 funbooki라는 아이디를 사용하고 저장소 이름이 resume이라면 'https://funbooki.github.io/resume'이 이력서 사이트의 주소가 됩니다. 웹 브라우저에서 사이트 주소를 입력하면 깃허브 저장소로 올려 둔 index.html이 나타납니다. 이런 방법으로 자신만의 이력서 사이트를 다양하게 만들 수 있습니다.

> 📖 깃허브 페이지를 만들고 나서 접속하는 데 시간이 약간 걸릴 수도 있습니다. 사이트 주소를 입력했을 때 오류가 나타난다면 잠시 뒤에 접속해 보세요.

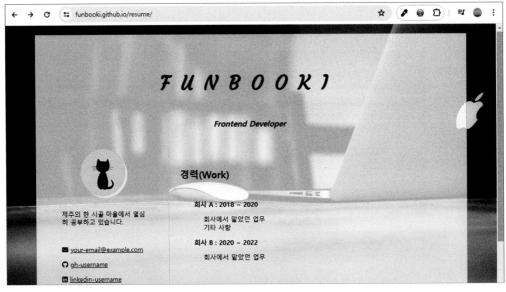

② 깃허브에 블로그 만들기

깃허브 페이지는 지킬 테마와 함께 사용하면 미리 만들어 놓은 디자인 가운데 선택해서 다양한 사이트를 만들 수 있습니다. **지킬 테마**(Jekyll theme)란 깃허브 페이지에서 블로그나 사이트를 만들 때 사용할 수 있는 디자인과 스타일 모음을 말합니다. 지킬 테마를 수정하려면 HTML과 CSS 지식이 필요합니다. 깃허브 블로그는 계정당 1개만 만들 수 있습니다.

지킬 테마 살펴보기

지킬 테마 디자인을 선택할 때는 자신이 만들 블로그의 목적을 먼저 생각해야 합니다. 블로그는 게시물을 자주 작성하므로 언제든지 온라인에서 수정하기 편리해야 하고, 최근 게시물이 앞에 보이도록 해야 합니다.

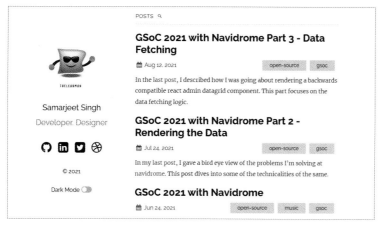

지킬 테마를 활용한 블로그의 예

웹 사이트를 만들어 주는 테마도 있습니다. 간단한 이력서 사이트뿐만 아니라 업무용 사이트도 만들 수 있죠.

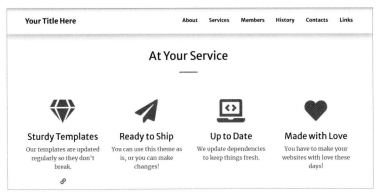

지킬 테마를 활용한 사이트의 예

또한 지킬 테마는 유료, 무료 모두 있습니다. 개인 블로그라면 무료 테마로도 충분히 운영할 수 있습니다. 하지만 디자인이 잘 되어 있는 테마를 찾는다면 유료 테마도 고려해 볼 수 있겠죠.

검색 사이트에서 '지킬 테마' 또는 'Jekyll Theme'으로 검색하면 지킬 테마와 관련된 여러 사이트를 확인할 수 있습니다. 테마마다 데모 링크가 있어서 클릭해 보면 테마의 전체 모습을 볼 수 있습니다. 그리고 지킬 테마는 대부분 깃허브의 저장소로 연결됩니다.

다음은 지킬 테마를 찾을 때 참고할 만한 사이트입니다.

지킬 테마 관련 참고 사이트
https://github.com/topics/jekyll-theme
http://jekyllthemes.org/
https://jekyllthemes.io/
https://jekyll-themes.com/
https://jamstackthemes.dev/ssg/jekyll/

참고 사이트 가운데 깃허브 토픽을 잠시 살펴볼까요? 웹 브라우저에서 https://github.com/topics/jekyll-theme로 접속하면 지킬 테마와 관련된 저장소들이 나열됩니다. 테마마다 미리 보기가 있어서 원하는 테마를 찾기 쉽습니다. 테마 이름을 클릭하면 테마 소스가 있는 저장소로 연결됩니다.

테마 이름 옆에 Star 개수가 많으면 그만큼 인기 있다는 뜻입니다.

github.com의 지킬 테마 토픽 페이지

저장소에는 테마의 사용법과 함께 데모 사이트 링크도 포함되어 있죠. 데모 링크를 찾아서 클릭하면 해당 테마를 사용했을 때 어떤 형태의 사이트가 완성되는지 확인할 수 있습니다.

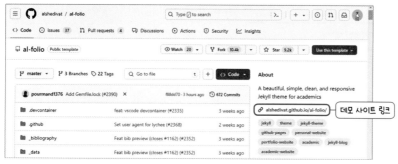

지킬 테마 코드 제공 저장소의 예

지킬 테마 데모 사이트의 예

블로그 만들고 기본 환경 설정하기

지킬 테마를 선택한 후에 테마를 사용하는 방법도 크게 2가지입니다. 지킬 테마 코드를 그대로 포크해서(fork) 사용하는 방법과 코드를 사용자 컴퓨터에 내려받아서 사용하는 방법입니다. 지킬 테마 코드를 포크하면 자신의 깃허브 저장소에 코드가 복제되겠죠? 이 방법은 테마를 그대로 사용하면서 블로그 포스트만 작성할 때 편리합니다. 하지만 테마 디자인을 바꾸거나 코드를 바꾸는 것처럼 수정할 파일이 많을 때는 지킬 테마 코드를 내려받아서 사용하는 방법이 적합합니다.

여기에서는 비교적 사용법이 간단한 jekyll-now 테마를 포크해서 사용하는 방법을 알아보겠습니다.

1. 깃허브에서 'jekyll'을 검색한 후 검색 결과 중에서 'jekyll-now' 테마를 사용하겠습니다.

2. jekyll-now 저장소로 이동합니다. README 안에 테마 사용법과 데모 사이트 링크 등이 있으므로 살펴보세요. 그리고 이 테마를 사용하겠다고 결정했으면 [Fork]를 클릭합니다.

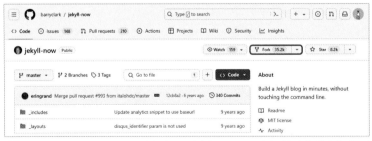

🐱 이 저장소는 몇 년 전에 만들어서 기본 브랜치가 master로 되어 있습니다. 하지만 이름만 master일 뿐 사용법은 main 브랜치와 똑같습니다.

3. 여러분의 계정으로 저장소를 복제하기 위한 정보를 입력합니다. 여기에서는 저장소 이름을 만들 때 주의해야 합니다. 깃허브 저장소를 블로그로 만들려면 여러분의 GitHub 계정 뒤에 .github.io를 붙여서 저장소 이름으로 사용합니다. 예를 들어 'funbooki'라는 계정에 블로그를 만들려면 블로그 이름은 funbooki.github.io가 됩니다.

저장소 설명은 옵션이므로 꼭 입력하지 않아도 됩니다. 저장소 이름을 확인했다면 [Create fork]를 클릭합니다.

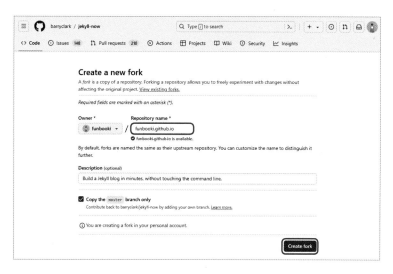

4. 여러분의 계정으로 jekyll-now 테마 저장소가 복제되었습니다. 지킬 테마 저장소에서 기본 브랜치를 master로 사용했으므로 여러분 계정에 복제될 때도 master 브랜치로 복제됩니다.

2021년 이전에 만든 저장소에서는 master 브랜치를 사용했으므로 포크할 때 master 브랜치가 복사됩니다.

5. 복제한 지킬 테마를 내 블로그에서 사용하려면 테마 환경을 자신에 맞게 설정해야 합니다. 저장소에 있는 파일 목록에서 [_config.yml] 파일을 클릭합니다.

6. _config.yml 파일 내용이 화면에 표시됩니다. 이 파일을 수정하기 위해 ✏️을 클릭합니다.

7. 항목마다 주석이 있으니 이 내용을 참고하면서 자신에 맞게 수정합니다. 항목 중에서 name과 description, footer-links의 url 부분은 꼭 수정하세요. 수정이 끝났다면 [Commit changes...] 버튼을 클릭합니다.

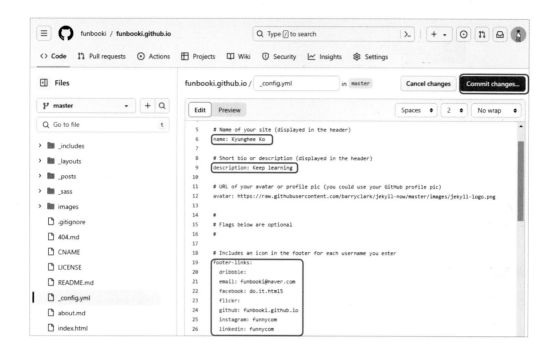

8. 커밋 메시지를 입력한 후 [Commit changes]를 클릭합니다.

9. 브라우저 창에 새로운 탭을 열고 블로그 주소를 입력해 확인해 보세요. 블로그 주소는 '계정.github.io' 형태입니다. _config.yml에서 수정한 name과 description 내용이 블로그 위쪽에 나타나고, footer-links에서 지정한 SNS 링크가 블로그 아래쪽에 나타납니다.

🐷💬 변경한 내용이 GitHub Pages에 적용되려면 시간이 필요합니다. 몇 초에서 10여 분까지도 걸리므로 기다려도 바뀌지 않는다면 잠시 후에 다시 확인해 보세요.

블로그에 포스트 작성하기

이제 블로그에 포스트를 작성하는 방법을 알아보겠습니다. 지킬 테마에서 블로그 포스트는 _posts 디렉터리에 저장됩니다. 깃허브 저장소에서 _posts 디렉터리를 열어 보세요. 기본 포스트 파일인 2014-3-3-Hello-World.md를 확인할 수 있습니다. 이렇게 포스트 파일의 이름은 '20xx-xx-xx-파일이름.md' 형식을 사용합니다. 파일 확장자에서 알 수 있는 것처럼 포스트는 마크다운 문법을 사용해 작성합니다. 이제 포스트를 작성해 보겠습니다.

1. 포스트를 작성할 때도 지켜야 할 형식이 있습니다. [2014-3-3-Hello-World.md]를 클릭한 후 🖉 를 클릭합니다.

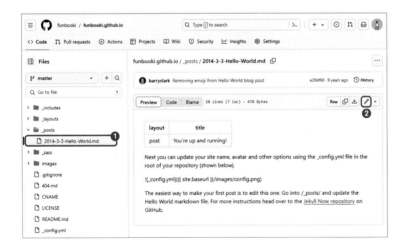

2. 포스트 내용에서 '---부터 ---'까지는 모든 포스트에 꼭 들어가야 할 내용입니다. layout: post는 수정하면 안 되고, title 부분은 포스트 제목이므로 포스트를 작성할 때마다 수정합니다. 새 포스트에 사용하기 위해 '---부터 --까지'를 선택해 복사합니다.

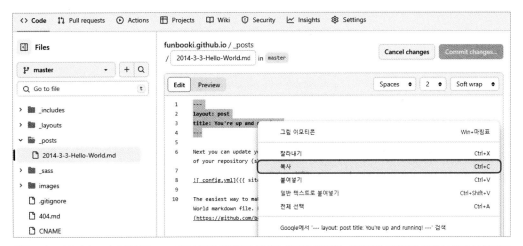

👀 자주 사용하다 보면 이 부분을 포스트에서 직접 입력해도 됩니다. 하지만 처음에는 안전하게 입력하기 위해 복사해서 사용하겠습니다.

3. 화면 왼쪽의 파일 목록에서 _posts를 클릭합니다. 그리고 [Add file] → [Create new file]을 선택합니다.

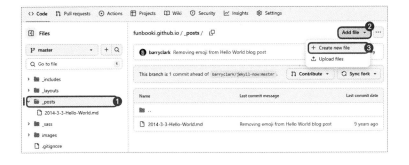

4. 파일 이름에는 2024-05-06-first.md처럼 날짜와 파일 이름, 그리고 확장자 .md를 입력합니다. 포스트 내용 맨 위에는 방금 복사한 내용을 붙여 넣습니다.

그리고 title: 다음에 나오는 내용을 수정하세요. title 내용은 블로그에 표시되는 포스트의 제목입니다. 그다음 원하는 내용을 입력하세요. 앞에서 공부한 마크다운 문법을 사용해서 포스트를 작성합니다.

5. [Preview] 탭을 클릭해서 원하는 결과가 나오는지 확인하세요. 수정이 필요하다면 다시 [Edit] 탭을 클릭해서 내용을 수정하면 됩니다. 입력이 끝나면 [Commit changes...] 버튼을 클릭합니다.

6. 커밋 메시지를 입력한 후 [Commit changes] 를 클릭합니다.

7. 새 포스트를 커밋하면 _posts 디렉터리에 방금 만든 포스트 파일이 나타납니다. 이제부터 블로그에 새 포스트를 추가하고 싶다면 같은 방법으로 _post 디렉터리에 파일을 만들면 됩니다.

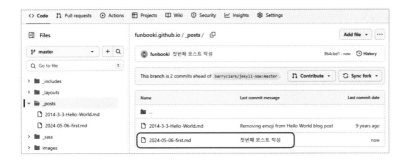

8. 방금 작성한 포스트는 블로그에서 확인할 수 있습니다.

🐢 블로그 내용이 길다면 [READ MORE]를 클릭하면 포스트 내용 전체를 볼 수 있습니다.

블로그 포스트에 이미지 넣기

포스트에 글만 작성할 수 있다면 밋밋하겠지요? 작성한 포스트를 수정해서 이미지를 삽입해 보겠습니다. 포스트에 이미지를 삽입하려면 우선 이미지 파일을 저장소로 업로드해야 합니다.

1. 블로그의 이미지는 저장소 자체에 올리기도 하지만 jekyll-now 테마에서는 images 디렉터리를 사용하고 있습니다. 저장소의 images 디렉터리로 이동한 후 [Add file] → [Upload file]을 선택하고 사용할 이미지 파일을 드래그해서 업로드합니다.

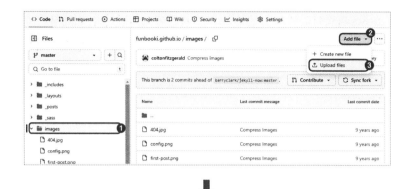

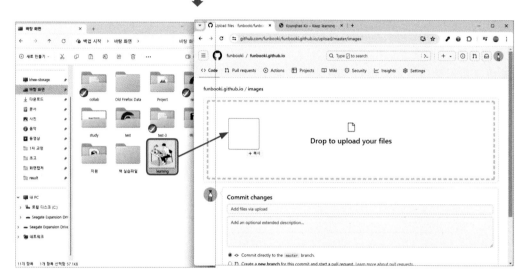

2. 저장소에 변경 사항이 생겼으므로 커밋해야겠지요? 커밋 메시지를 작성한 후 [Commit changes]를 클릭합니다.

3. images 디렉터리에 방금 업로드한 파일이 커밋 메세지와 함께 올라와 있을 것입니다.

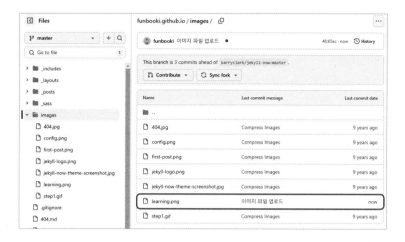

4. 왼쪽의 파일 목록에서 _posts 디렉터리를 선택합니다. 새 파일을 만들 수도 있지만 여기에서는 기존 포스트를 수정해서 이미지를 추가해 보겠습니다. 앞에서 만든 포스트 파일을 클릭합니다.

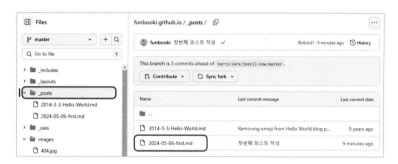

5. 포스트 내용을 수정하기 위해 ✏️ 을 클릭합니다.

6. images 디렉터리에 있는 이미지를 삽입하려면 다음 형식을 사용해서 삽입할 이미지 파일을 지정합니다.

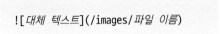

![*대체 텍스트*](/images/*파일 이름*)

7. 커밋하기 전에 [Preview] 탭을 눌러 이미지가 제대로 나타나는지 확인하는 게 좋겠죠? 수정이 필요하다면 [Edit] 탭에서 수정하고 다시 [Preview] 탭에서 결과를 확인합니다. 원하는 결과가 나왔다면 [Commit changes...]를 클릭합니다.

8. 커밋 메시지를 입력한 후 [Commit changes]를 클릭합니다.

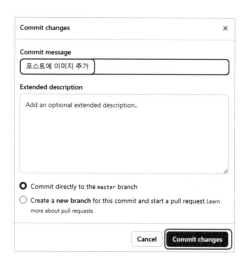

9. 블로그에서 이미지가 잘 삽입되었는지 확인해 보겠습니다. 첫 화면에서 포스트 내용에 있는 [READ MORE]를 클릭해 보세요. 이미지를 삽입했던 커밋이 반영되어 포스트에도 나타날 것입니다.

🐨 내용이 바뀌지 않는다면 몇 분 더 기다렸다가 확인해 보세요.

개발자의 파트너,
깃허브 데브와 코파일럿

전 세계의 오픈 소스가 깃허브에 공개되고 많은 개발자들이 모이면서 새로운 서비스와 기능이 계속해서 추가되고 있습니다. 깃허브는 개발 플랫폼으로서의 역할을 톡톡히 하고 있죠.

여기에서는 사용자들이 웹상에서 개발할 수 있도록 해주는 깃허브 데브(github. dev) 서비스와 AI에 기반으로 적절한 코드를 추천하고 채팅으로 코드를 리뷰하거나 오류를 고쳐주는 깃허브 코파일럿(GitHub Copilot) 서비스를 알아 보겠습니다.

클라우드에서 개발하기 — 깃허브 데브

개발 작업은 대부분 깃허브에 연결한 상태에서 진행하지만 개발 환경이 설정된 개인 컴퓨터를 항상 가지고 다닐 수는 없겠죠? 그래서 깃허브에서는 **깃허브 데브**라고 하는 클라우드 개발 환경을 제공합니다.

깃허브 데브 접속하기

깃허브 데브를 활용하면 인터넷을 통해 언제든지 클라우드에 있는 저장소의 코드를 수정하거나 푸시할 수 있습니다. 또한 VS Code를 설치할 수 없는 태블릿 컴퓨터나 다른 장치에서도 깃허브 데브를 통해 VS Code 환경에서 코드를 작성할 수 있습니다.
깃허브 데브에 접근하는 방법은 크게 다음 2가지입니다.

방법 1. 저장소에서 마침표 눌러 접근하기

깃허브에 로그인한 후 앞에서 만들었던 저장소 중에서 아무 곳이나 선택하세요. 여기에서는 처음 만들었던 test-1 저장소를 선택했습니다. 파일 목록이 보이면 키보드에서 [.]를 누릅니다.

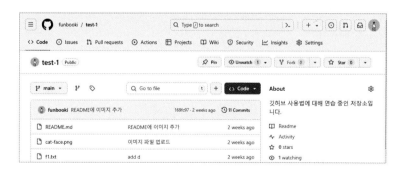

방법 2. 주소를 입력해 깃허브 데브에 직접 접속하기

깃허브 데브는 웹 브라우저로 접속하므로 자체 주소가 있습니다. 저장소 주소와 깃허브 데브의 주소를 비교해 볼까요? 다음은 필자 계정을 예로 든 것입니다.

저장소 주소	https://**github.com**/funbooki/test-1
깃허브 데브 주소	https://**github.dev**/funbooki/test-1

즉, 저장소 주소에서 github.com 부분을 github.dev로 바꾸면 즉시 깃허브 데브로 들어가서 저장소를 열어 볼 수 있죠. 저장소 이름만 알고 있다면 다음 주소로 깃허브 데브에 직접 접속하면 됩니다.

> https://**github.dev**/*깃허브계정/저장소명*

어떤 방법으로 접근하든 깃허브 데브가 실행되면 브라우저 화면에 VS Code 편집기가 나타납니다. 따로 설치하지 않아도 온라인에서 VS Code를 사용할 수 있습니다. 저장소의 파일이 나타나면서 README 파일의 미리 보기 화면을 보여 줍니다.

화면 맨 위에 사이트 주소가 보이죠? 웹 브라우저에서 접속한 상태라는 것을 알 수 있습니다. 그리고 편집기 화면의 상태 표시줄을 보면 가장 왼쪽에 ⎇ GitHub 라고 표시되어 있죠? 현재 깃허브에서 편집하고 있다는 의미입니다.

깃허브 데브에서 코드 수정하기

탐색기 창에서 파일을 클릭하면 코드를 수정할 수 있습니다.

1. 여기에서는 README.md 파일을 가져와 간단하게 텍스트 한 줄을 추가해 보겠습니다. 온라인에서 작업하므로 수정하는 즉시 자동 저장됩니다. 내용을 수정하다 보면 왼쪽에 색상 막대 ▌가 표시되어 어떤 부분이 수정되었는지 알아볼 수 있습니다.

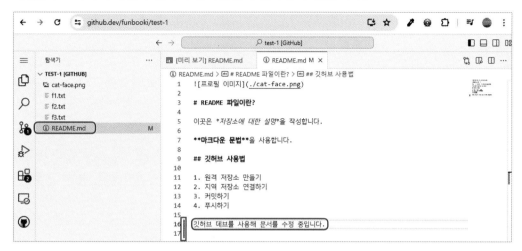

2. 색상 막대를 클릭하면 원래 내용과 수정한 내용을 비교해서 볼 수 있습니다.

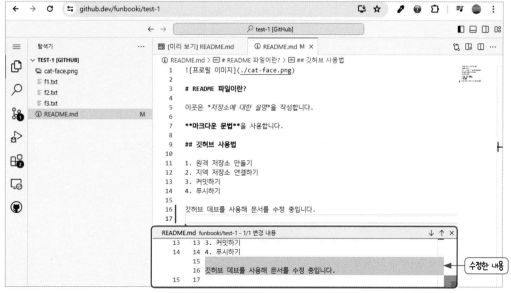

🐱 변경 내용 창을 닫으려면 팝업 창 오른쪽 위의 닫기 ⊠를 클릭합니다.

3. README 파일을 수정하면 깃허브 데브 창에서 미리 보기를 확인할 수 있습니다. 편집 창 오른쪽 위에 있는 ⬚을 클릭하면 편집 창 오른쪽에 README 미리 보기 창이 나타나서 결과를 확인하면서 수정할 수 있습니다.

🐝 미리 보기 탭에 있는 ⊠ 버튼을 누르면 미리보기 창을 닫을 수 있습니다.

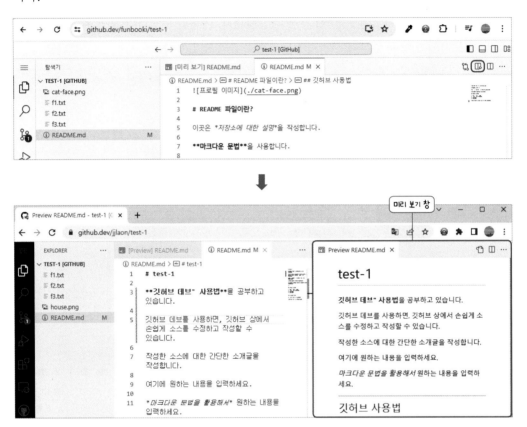

4. 깃허브 데브 화면에서 파일을 수정하면 ⑂에 숫자가 나타나지요? 소스 제어 창으로 이동한 후 커밋 메시지를 입력하고 [커밋 및 푸시]를 클릭하면 깃허브에 그대로 푸시됩니다.

5. 저장소에 제대로 커밋됐을까요? 깃허브 데브 편집 화면의 왼쪽 사이드바 맨 위에 있는
☰를 클릭한 후 [리포지토리로 이동]을 선택합니다.

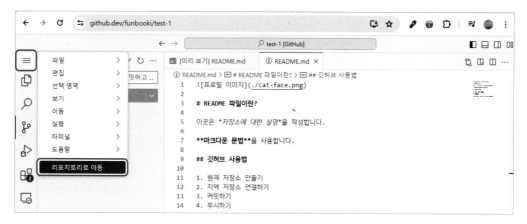

6. 브라우저 창에 새 탭이 열리면서 깃허브 저장소로 연결되고 방금 커밋한 파일과 내용이 나
타납니다.

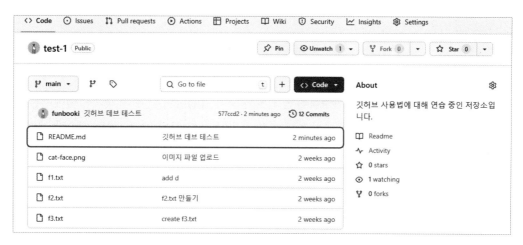

AI와 함께 코딩해요 — 코파일럿

프로그래머 2명이 컴퓨터 하나를 함께 사용하여 코드를 작성하는 협업 방식을 **페어 프로그래밍**(pair programming)이라고 합니다. 여기서 한 사람은 코드를 작성하고 다른 사람은 그 코드를 검토하면서 좋은 아이디어나 오류를 찾아내죠.

깃허브 코파일럿은 이런 페어 프로그래밍의 개념을 AI가 참여하는 방식으로 확장한 것입니다. 즉, 프로그래머가 코드를 작성할 때 AI가 그 곁에서 도와주는 친구 역할을 한다고 생각하면 됩니다. 프로그래머가 코드의 일부를 작성하면, 깃허브 코파일럿이 이를 보고 자동으로 나머지 코드를 제안해 줍니다. 마치 똑똑한 조수처럼요!

깃허브 코파일럿 신청하기

코파일럿 서비스는 누구나 30일간 무료로 사용할 수 있고, 그 후에는 매달 10달러, 또는 매년 100달러를 결제해서 사용할 수 있습니다. 무료 사용을 신청하려면 결제 정보가 필요합니다. 현재 코파일럿에서는 신용 카드나 페이팔 결제만 가능하므로 결제에 사용할 신용 카드나 체크 카드, 페이팔 계정을 미리 준비하세요. 평가판만 사용하고 유료 결제는 하고 싶지 않다면 서비스 신청 후 30일이 지나기 전에 결제를 취소해야 합니다.

> 🐱 인기 있는 오픈 소스 프로젝트 관리자나 오픈 소스 프로젝트에 참여하는 학생은 무료로 사용할 수 있습니다.

1. 깃허브에 로그인하고 https://copilot.github.com 페이지로 이동합니다. [Get started with Copilot]을 클릭합니다.

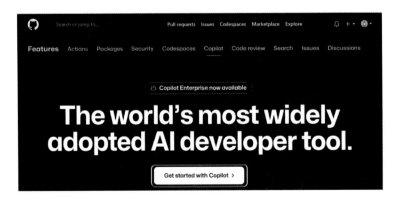

2. 개인 사용자이면서 무료로 사용해 보기 위해 Copilot Individual 항목의 [Start free trial]을 클릭합니다.

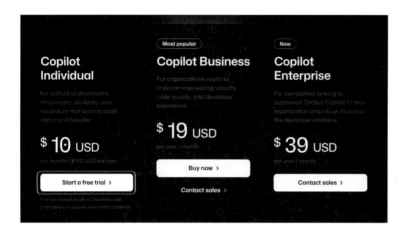

3. 무료로 사용한 후에 결제 방식을 선택합니다. 기본값인 'Monthly plan'이 선택된 상태에서 [Get access to GitHub Copilot]을 클릭합니다.

4. 결제를 위해 영문 주소를 입력한 후 신용 카드나 체크 카드, 페이팔 결제 정보를 입력합니다.

결제를 위한 정보를 모두 입력하면 코파일럿의 코드 제안을 허용할 것인지 선택해야 합니다. [Select an option]을 클릭한 후 [Allowed]를 선택합니다. 그리고 아래쪽의 [Save and complete setup]을 클릭하면 깃허브 코파일럿 가입이 끝납니다.

유료 결제가 되지 않게 하려면 무료 사용 기한이 끝나기 전에 취소해야 합니다.

확인하기 위해 결제됐다는 문자가 오더라도 놀라지 마세요.

결제 취소하기

코파일럿 서비스를 신청할 때 결제 정보를 요구하므로 무료 사용 기한인 30일이 지나면 결제가 자동으로 시작됩니다. 코파일럿을 사용해 보고 싶지만 결제는 하고 싶지 않다면 30일이 지나기 전에 무료 사용을 취소해야 합니다.

깃허브에 로그인한 상태에서 프로필 아이콘을 클릭한 후 [Settings]를 선택합니다. 왼쪽의 카테고리에서 [Billing and plans]를 선택하면 오른쪽에 결제되는 서비스가 나타나는데, 화면을 아래로 내려 [Add-ons] 항목을 찾습니다. 그리고 GitHub Copilot 오른쪽에 있는 [Cancel trial]을 선택합니다.

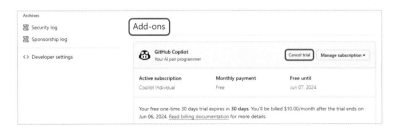

표시되는 창에서 [I understand, cancel GitHub Copilot trial]을 선택하면 무료 사용이 취소되면서 결제 정보도 취소됩니다.

깃허브 코파일럿 확장 설치하기

1. VS Code에서 ⊞을 클릭해서 확장 창을 엽니다. 'copilot'을 검색한 후 [GitHub Copilot] 확장을 선택해서 설치합니다. 이어서 깃허브에 연결하라는 알림 창이 나타나면 깃허브 코파일럿을 신청한 계정으로 로그인하세요.

🐱 GitHub Copilot 확장이 2개라면 'Your AI pair programmer'라는 설명이 있는 확장을 선택합니다.

2. 깃허브 코파일럿 확장이 설치되고 깃허브 계정에 연결되면 VS Code 가장 아래쪽에 코파일럿 아이콘(🐙)과 왼쪽 사이드바에 🔲 이 표시됩니다. 🔲 을 클릭하면 깃허브 코파일럿과 대화를 주고 받을 수 있는 채팅 창이 나타납니다.

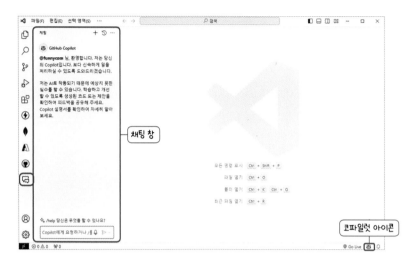

깃허브 코파일럿 사용해 보기

깃허브 코파일럿은 여러 상황에서 활용할 수 있습니다. 그중에서 쉽게 사용할 수 있는 3가지 기능을 알아보겠습니다.

주석을 읽고 코드 제안하기

깃허브 코파일럿은 코드를 작성할 때 가장 많이 사용하는데 편집 창에 입력한 주석을 읽고 그에 맞는 코드를 제안해 줍니다.

예를 들어 days.js라는 파일을 만들고 그 안에 주석을 입력한 후 Enter 를 누르면 우선 함수 이름을 적절하게 만들어서 제안합니다. 제안한 함수 이름을 사용하겠다면 Tab 을 누릅니다.

[Tab]을 누르면 함수 안에 깃허브 코파일럿이 제안하는 코드가 회색 글자로 나타납니다. 제안한 코드가 마음에 들지 않는다면 [Alt](윈도우)나 [Option](맥)을 누른 상태에서 [[]나 []]를 눌러서 다른 제안 코드를 살펴볼 수 있습니다. 적당한 코드가 보이면 [Tab]을 누릅니다.

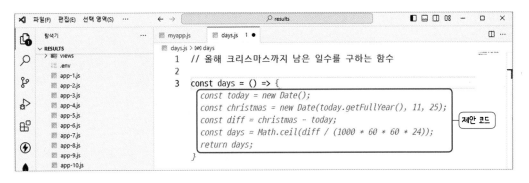

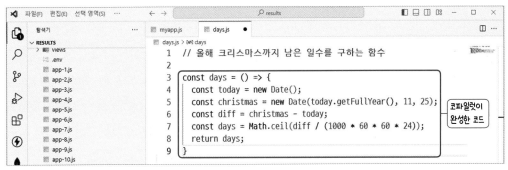

사용자가 입력하는 동안 코드 제안

깃허브 코파일럿은 사용자가 작성 중인 코드를 이해하고 전체 맥락을 파악합니다. 그래서 사용자가 코드를 입력하는 동안 어떤 코드가 필요한지 판단해서 적절한 코드를 제안합니다.

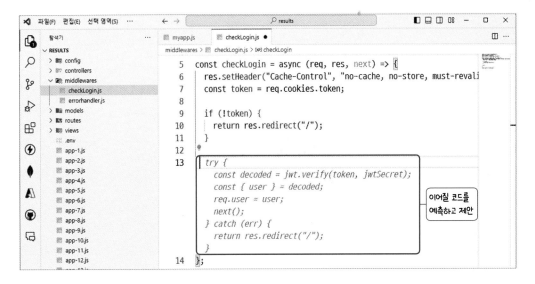

자동으로 주석 붙이기

매번 코드에 주석을 붙여야 해서 번거로웠다면 자동으로 하는 방법이 있습니다. 자바스크립트를 사용한다면 인라인 주석을 붙이는 '//' 기호 중에서 첫 글자 '/'만 입력해도 코드에 알맞은 주석을 붙여 줍니다.

```
// 올해 크리스마스까지 남은 일수를 구하는 함수

const days = () => {
  const today = new Date();       // 현재 날짜
  const christmas = new Date(today.getFullYear(), 11, 25);
  const diff = christmas - today;
  const days = Math.ceil(diff / (1000 * 60 * 60 * 24));
  return days;
};
```

인라인 편집기 사용하기

코드를 작성하다가 특정 위치에서 새로운 함수나 기능이 필요할 경우 코드를 작성해 달라고 요청할 수 있습니다. 코드를 추가할 위치에 마우스 포인터를 갖다 놓고 Ctrl + I (맥은 cmd + I)를 누르면 그 위치에 작은 입력 창이 나타납니다. 필요한 질문을 입력하고 Enter 를 누릅니다.

```
const http = require('http');

// Import the required modules

// Create a server object
const server = http.createServer((req, res) => {
  // Set the response header
  res.writeHead(200, { 'Content-Type': 'text/plain' });

  // Send a response to the client
  res.end('Hello, World!');

  GET 요청과 POST 요청을 처리하는 간단한 코드
  를 작성해 줘!                          ← 질문 입력 창


// Start the server and listen on port 3000
server.listen(3000, () => {
  console.log('Server is running on port 3000');
});
```

깃허브 코파일럿이 작성한 코드를 사용하겠다면 [수락]을 클릭해 적용합니다. 마음에 들지 않는다면 [취소]를 눌러 무시할 수 있습니다.

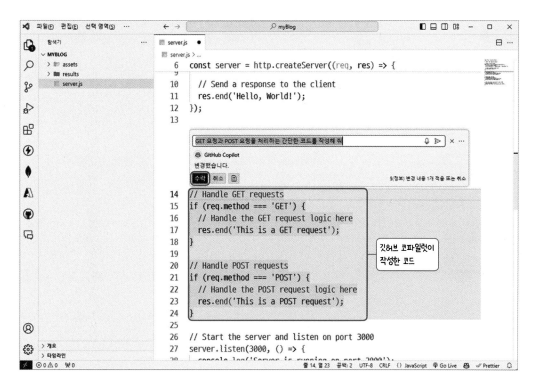

코드의 문제점 해결하기

깃허브 코파일럿의 채팅 기능은 아주 강력합니다. 특히 VS Code의 작업 폴더 전체를 인식하고 있어서 현재 열려 있는 파일뿐만 아니라 연결된 파일들을 함께 살펴보고 문제점을 찾을 수 있습니다. 또한 문제 해결을 위한 코드와 설명도 알려 주죠.

예를 들어 코드에서 일부 기능이 제대로 동작하지 않을 때 해결해 달라고 채팅 창에 입력하면 다른 파일과의 연관성까지 고려하면서 어떤 파일의 어떤 부분이 문제인지, 어떻게 해결하면 되는지를 자세히 설명합니다.

코드 설명하기

깃허브에서 다른 사람의 코드를 포크(fork)했거나, 팀 작업 중 다른 사람이 작성한 코드를 읽어야 할 경우 잘 이해되지 않을 때가 있습니다. 그럴 때 깃허브 코파일럿에게 도움을 요청해 보세요. 깃허브 코파일럿 창에 파일 이름을 알려 주고 해당 파일의 코드를 자세히 설명해 달라고 할 수 있습니다.

물론 코드에서 특정 부분만 선택한 후 설명해 달라고 해도 친절하게 알려 줍니다.

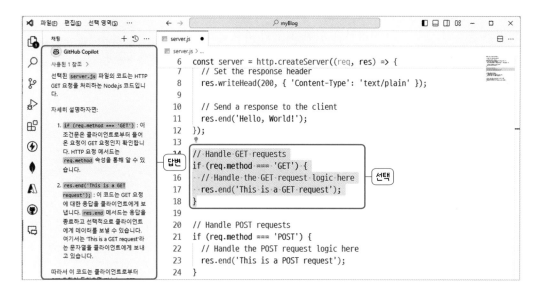

프로그래밍 개념 설명하기

코드 작성뿐만 아니라 코드를 작성하다가 궁금한 것은 모두 채팅 창에서 해결할 수 있습니다.
굳이 개발 커뮤니티를 찾거나 검색 사이트를 뒤질 필요 없이 깃허브 코파일럿 채팅 창에 프로
그래밍과 관련된 질문을 입력하면 답을 찾아 줍니다.

깃허브 코파일럿이 제안하는 코드가 100% 완벽하다고 할 수는 없습니다. 하지만 내 옆에서 하나씩 자세히 설명해 줄 코딩 선배가 없다면 깃허브 코파일럿은 혼자서 코딩하는 여러분을 위한 최고의 파트너가 될 것입니다.

VS Code에서 깃허브 코파일럿의 다른 기능이 궁금하다면 https://code.visualstudio.com/docs/copilot/overview에서 살펴볼 수 있습니다.

Basic Programming Course

기초 프로그래밍 코스 | 파이썬, C 언어, 자바로 시작하는 프로그래밍! 기초 단계를 독파한 후 응용 단계로 넘어가세요!

기초
단계

박응용 | 432쪽

김성엽 | 576쪽

김동형 | 856쪽

시바타 보요 저, 강민 역 | 408쪽

시바타 보요 저, 강민 역 | 452쪽

시바타 보요 저, 강민 역 | 424쪽

응용
단계

김창현 | 384쪽

강성윤 | 720쪽

김종관 | 564쪽

나는 어떤
코스가
적합할까?

A 파이썬 개발자가 되고 싶은 사람

- Do it! 점프 투 파이썬
- Do it! 점프 투 파이썬 ― 라이브러리 예제 편
- Do it! 파이썬 생활 프로그래밍 with 챗GPT
- Do it! 점프 투 장고
- Do it! 장고 + 부트스트랩 파이썬 웹 개발의 정석
- Do it! 챗GPT + 파이썬으로 AI 직원 만들기

B 자바·코틀린 개발자가 되고 싶은 사람

- Do it! 점프 투 자바
- Do it! 자바 완전 정복
- Do it! 자바 프로그래밍 입문
- Do it! 점프 투 스프링 부트 3

Web Programming Course
웹 프로그래밍 코스 | 웹 기술의 기본은 HTML, CSS, 자바스크립트! 기초 단계를 독파한 후 응용 단계로 넘어가세요!

기초
단계

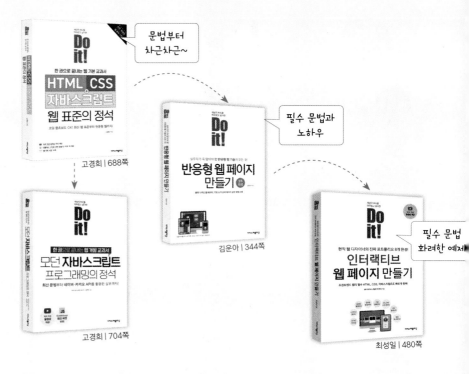

문법부터
차근차근~

고경희 | 688쪽

필수 문법과
노하우

김운아 | 344쪽

고경희 | 704쪽

필수 문법
화려한 예제

최성일 | 480쪽

응용
단계

고경희 | 560쪽

박응용 | 408쪽

이성용, 김태곤 | 640쪽

나는 어떤
코스가
적합할까?

A 프런트엔드 개발자가 되고 싶은 사람

- Do it! HTML + CSS + 자바스크립트
  웹 표준의 정석
- Do it! 모던 자바스크립트 프로그래밍의 정석
- Do it! 반응형 웹 페이지 만들기
- Do it! 인터랙티브 웹 페이지 만들기
- Do it! 자바스크립트 + 제이쿼리 입문
- Do it! Vue.js 입문

B 백엔드 개발자가 되고 싶은 사람

- Do it! HTML + CSS + 자바스크립트
  웹 표준의 정석
- Do it! 모던 자바스크립트 프로그래밍의 정석
- Do it! Node.js 프로그래밍 입문
- Do it! 점프 투 장고
- Do it! 점프 투 스프링 부트 3
- Do it! 장고 + 부트스트랩 파이썬 웹 개발의 정석